Καλλιμάχου Ἐπιγράμματα
Epigramas de Calímaco

EDIÇÃO BILÍNGUE

Epigramas de

CALÍMACO

EDIÇÃO BILÍNGUE

Καλλιμάχου Έπιγράμματα

autêntica C|L|Á|S|S|I|C|A

TRADUÇÃO, INTRODUÇÃO E NOTAS
Guilherme Gontijo Flores

Copyright da tradução © 2019 Guilherme Gontijo Flores
Copyright © 2019 Autêntica Editora

Todos os direitos reservados pela Autêntica Editora. Nenhuma parte desta publicação poderá ser reproduzida, seja por meios mecânicos, eletrônicos, seja via cópia xerográfica, sem a autorização prévia da Editora.

Título original: Καλλιμάχου Ἐπιγράμματα

COORDENADOR DA COLEÇÃO CLÁSSICA,
EDIÇÃO E PREPARAÇÃO
Oséias Silas Ferraz

EDITORAS RESPONSÁVEIS
Rejane Dias
Cecília Martins

REVISÃO DA TRADUÇÃO
João Angelo Oliva Neto

REVISÃO
Lúcia Assumpção
Samira Vilela

CAPA
Alberto Bittencourt

DIAGRAMAÇÃO
Guilherme Fagundes

Dados Internacionais de Catalogação na Publicação (CIP)
(Câmara Brasileira do Livro, SP, Brasil)

Calímaco, 310-240 a.C.

Epigramas de Calímaco = Καλλιμάχου Ἐπιγράμματα / Calímaco ; tradução, introdução e notas Guilherme Gontijo Flores ; revisão de tradução João Angelo Oliva Neto. -- 1. ed -- Belo Horizonte : Autêntica Editora, 2019. -- (Coleção Clássica)

Edição bilíngue: português/grego.
ISBN 978-85-513-0430-3

1. Epigramas gregos 2. Poesia grega I. Calímaco de Cirene. II. Flores, Guilherme Gontijo. III. Título.

18-20481   CDD-881

Índices para catálogo sistemático:
1. Poesia grega clássica 881

Iolanda Rodrigues Biode - Bibliotecária - CRB-8/10014

 GRUPO **AUTÊNTICA**

Belo Horizonte
Rua Carlos Turner, 420
Silveira . 31140-520
Belo Horizonte . MG
Tel.: (55 31) 3465 4500

São Paulo
Av. Paulista, 2.073, Conjunto Nacional, Horsa I
23º andar . Conj. 2310-2312
Cerqueira César . 01311-940 . São Paulo . SP
Tel.: (55 11) 3034 4468

www.grupoautentica.com.br

Apresentação da coleção

A Coleção Clássica tem como objetivo publicar textos de literatura – em prosa e verso – e ensaios que, pela qualidade da escrita, aliada à importância do conteúdo, tornaram-se referência para determinado tema ou época. Assim, o conhecimento desses textos é considerado essencial para a compreensão de um momento da história e, ao mesmo tempo, a leitura é garantia de prazer. O leitor fica em dúvida se lê (ou relê) o livro porque precisa ou se precisa porque ele é prazeroso. Ou seja, o texto tornou-se "clássico".

Vários textos "clássicos" são conhecidos como uma referência, mas o acesso a eles nem sempre é fácil, pois muitos estão com suas edições esgotadas ou são inéditos no Brasil. Alguns desses textos comporão esta coleção da Autêntica Editora: livros gregos e latinos, mas também textos escritos em português, castelhano, francês, alemão, inglês e outros idiomas.

As novas traduções da Coleção Clássica – assim como introduções, notas e comentários – são encomendadas a especialistas no autor ou no tema do livro. Algumas traduções antigas, de qualidade notável, serão reeditadas, com aparato crítico atual. No caso de traduções em verso, a maior parte dos textos será publicada em versão bilíngue, o original espelhado com a tradução.

Não se trata de edições "acadêmicas", embora vários de nossos colaboradores sejam professores universitários. Os livros são destinados aos leitores atentos – aqueles que sabem que a fruição de um texto demanda prazeroso esforço –, que desejam ou precisam de um texto clássico em edição acessível, bem cuidada, confiável.

Nosso propósito é publicar livros dedicados ao "desocupado leitor". Não aquele que nada faz (esse nada realiza), mas ao que, em meio a mil projetos de vida, sente a necessidade de buscar o ócio produtivo ou a produção ociosa que é a leitura, o diálogo infinito.

Oséias Ferraz
[coordenador da coleção]

9	Introdução
19	Epigramas de Calímaco
151	Três fragmentos
159	Anexo – Um fragmento e um hino

Introdução

Vida e Obra

Quase toda era tem alguns poetas fundamentais esquecidos. Eles estão perdidos no conjunto abstrato e suposto dos cânones, mas em geral permanecem restritos à leitura dos especialistas, o que é, noutras palavras, praticamente matar um poeta. Mesmo que se trate de um poeta erudito, aristocrático, que escrevia para uns poucos outros aristocratas eruditos seus contemporâneos; e isso porque a poesia tem a potência de se espalhar, sem que saibamos qual, como ou quando, para além do contexto inicial. Porém, como já disse, alguns poetas fundamentais ficam de fora. É o caso de Calímaco de Cirene: trata-se do poeta mais importante do período helenístico, o catalisador e organizador de tendências crescentes numa poética cada vez mais distante da poesia homérica, da lírica arcaica (Safo, Alceu, Píndaro, Arquíloco, etc.) e das tragédias clássicas (Ésquilo, Sófocles, Eurípides). Foi essa a época que, pela primeira vez na história do ocidente, parecia não ver no texto escrito apenas letra morta, mas a potencialidade de toda poética; o período helenístico é o nascimento da filologia, o amor ao discurso. E poetas como Calímaco foram, na maior parte, verdadeiros estudiosos da poesia do passado; eles analisavam o *corpus* atribuído a Homero, Hesíodo e outros poetas, contrastavam passagens para debater o que poderia ser espúrio, organizavam livros para a poesia arcaica de Safo e de outros segundo códigos de gêneros poéticos que eles próprios iam interpretando, preparavam léxicos para explicar as obras do passado, estabeleciam regras de gêneros segundo o estudo dessas mesmas obras, enfim, formavam um reinado do *poeta doctus*. É o período subsequente à morte de Alexandre, o Grande, quando a cultura helênica se espalha por quase todo o mediterrâneo, em impérios que se estendem pela Ásia e pela África, enquanto o legado da tradição grega passa a ser lido por gregos que muitas vezes nunca

10 | COLEÇÃO CLÁSSICA

pisaram na Grécia (foi o caso de Calímaco), mas que encontram nessas obras uma espécie de origem cultural; período também da poesia de Filetas de Cós (de quem nos chegaram apenas uns poucos fragmentos), de Leônidas de Tarento (outro ilustre desconhecido entre nós), e de dois poetas que ficaram mais conhecidos: Teócrito de Siracusa, com seus *Idílios* que fundam nossa tradição pastoral, e Apolônio de Rodes, com suas *Argonáuticas*, épica breve que narra a viagem de Jasão para resgatar o velocino de ouro. No entanto, foi Calímaco, que tão pouco lemos, a figura que mais espalhou sua influência, ao escrever poemas de embate crítico e proposições claras. Essa figura se tornou um centro na recepção da poesia helênica em Roma. Foi traduzido por Catulo (a "Coma de Berenice", poema 66), citado e imitado abertamente por Virgílio, Horácio, Tibulo, Ovídio, etc. Sua influência foi tão radical que o elegíaco Sexto Propércio chegou ao ponto de se autointitular "o Calímaco Romano".

Como é de se esperar no caso de poetas antigos, sabemos pouco, quase nada, a respeito da vida de Calímaco; pior, sabemos pouco até de suas obras, que chegaram praticamente em frangalhos. As poucas informações estão na *Suda* (um léxico bizantino do século X, baseado provavelmente em outra obra do século VI), não completamente confiável, em alguns textos esparsos, e na própria obra do poeta. Deles, sabemos que Calímaco nasceu na cidade de Cirene, uma das mais antigas colônias gregas na costa norte da África, no final do século IV a.C.; é provável que tenha sido filho de um certo Bato – pois apresenta-se como Batíada, no epigrama XXXV – e de Megatimé (ou Mesatma) e neto de outro Calímaco, um general, a julgar pelo que temos no epigrama XXI; parece ter se casado com a filha de um certo Eufreu, ou Eufrates, mas não sabemos o nome da mulher, nem se tiveram filhos; porém sabemos que se mudou para Alexandria, no Egito, onde foi contemporâneo de dois monarcas, Ptolomeu II Filadelfo (reinado 285-247 a.C.) e Ptolomeu Evérgeta (reinado 246-221 a.C.); e é quase certo que lá ele trabalhou primeiro como professor – profissão mal remunerada – e, depois de conseguir entrar na corte, teria sido Bibliotecário de Alexandria, cargo importante da famosa Biblioteca, com acesso livre ao Museu, o que explicaria sua ampla obra filológica; por fim, parece ter ganhado uma disputa contra Apolônio de Rodes, a se julgar por passagens de seus poemas *Íbis* e de *Iambos* V.

É claro que uma lenda sempre cresce em torno de figuras assim. No caso de Calímaco, diz-se que teria escrito ao todo mais de 800 livros (sim, é muito, mas devemos contar como volumes; no caso de Homero, por exemplo, a obra que para nós são dois livros para um grego constaria de 48, um para cada canto), variados entre diversos gêneros de poesia (lírica, iambo, tragédia, comédia, drama satírico, elegia, hino, etc.), além de inúmeros tratados de prosa, sobre filosofia, poesia, biologia, geografia, etc.; também escreveu uma obra fundamental intitulada *Pinákes* (*Tabelas*), que constava de 120 volumes e formava uma longa lista de autores e obras que deveriam ser lidos pelas futuras gerações e constantes da Biblioteca de Alexandria, ou seja, um possível primeiro cânone ocidental, ou um *paideuma* (se pensarmos em termos de Ezra Pound).

Alguns títulos chegaram para nós:

- *Aítia* (*Causas*), poema etiológico com diversas narrativas menores acerca da origem de costumes e ritos de seu tempo, numa recusa da épica homérica, que acaba por formar uma espécie de colcha de retalhos que anuncia as *Metamorfoses* de Ovídio;
- *Íbis*, um poema de ataque pessoal;
- *Iambos*, poemas também de ataque, em geral modernamente associados à sátira (mas diversos do que chamamos sátira na Antiguidade);
- seis *Hinos* retomando a tradição dos *Hinos homéricos*, ao mesmo tempo em que experimenta com os limites do gênero;
- *Hécale*, um epílio (pequena narrativa, ou épico menor) com ênfase na história de uma velhinha, em vez dos grandes feitos dos heróis;
- *Epigramas*, espalhados por antologias.

De suas obras, só nos chegaram em bom estado os *Hinos* e *Epigramas* (estes, na verdade, recolhidos quase todos da *Antologia Palatina*), enquanto parte das outras, nós temos por meio de citações de autores antigos e de papiros que foram encontrados e interpretados nas últimas décadas. Assim, estamos diante de uma obra em constante movimento interpretativo, tal como várias outras do mundo antigo, porque não temos nem mesmo um conceito material de obra definitiva. É assim que edito e traduzo os *Epigramas* calimaquianos; e, ainda mais, com um objetivo muito claro: apresentá-lo como poeta ao leitor brasileiro.

Temos no Brasil alguns estudos sobre sua obra, que ficam restritos ao público dos Estudos Clássicos; também já circularam algumas traduções esparsas de epigramas, hinos e fragmentos, que podem ser vasculhadas em revistas especializadas. Em todas elas, há uma fartura de comentários históricos, literários e antropológicos que podem interessar mais ao leitor especializado. Da minha parte, optei por um mínimo de notas e uma tradução que tente recriar as sutilezas da poética calimaquiana: suas imagens, sons, suas transições inesperadas, etc.

A poética do epigrama helenístico

Epigrama, por sua etimologia (epi + gramma = *inscriptio* = inscrição), mostra a origem dessas obras: eram textos preparados originalmente para serem inscritos em pedra ou madeira e, portanto, costumavam ser encontrados em lápides funerárias, ex-votos nos templos, ou em anotações rituais. Decerto os epigramas, nessa função mais imediata de inscrição, não tinham necessariamente uma força poética marcante, o que se comprova se observarmos quantas inscrições prosaicas nos chegaram, dos mais diversos tipos, tanto gregas como romanas. Mas na Grécia algo aconteceu para que essa escrita protocolar fosse oferecendo cada vez mais atenção à linguagem: podemos pensar num grupo mais rico que encomenda, por exemplo, um texto bem acabado para colocar na tumba familiar e, por isso, escolhe um orador ou poeta para o serviço; o mesmo poderíamos dizer das tábuas dos ex-votos nos templos; e coisa similar pode ser vista nas igrejas e cemitérios do presente: o interesse estético ultrapassa o protocolo linguístico, a inscrição se anuncia também como monumento, algo feito para durar. Com o desenvolvimento da escrita na Grécia Arcaica e Clássica, o epigrama também passou a receber muito mais atenção e a permear muito mais a cultura geral do povo letrado, ocupando longas séries de túmulos, que costumavam ficar nas estradas e então convidavam os viajantes a pararem para uma leitura. Do mesmo modo, num templo, haveria diversos tipos de ex-votos, de tamanhos e modelos diferentes, com um trabalho conceitual cada vez mais complexo.

Assim, vemos que as tumbas falam em seu próprio nome, ou é o próprio defunto quem se dirige ao possível leitor anônimo, ou mesmo uma tumba que não tem cadáver – quando se trata de naufrágio ou de guerras em que o corpo se perde. Nos epigramas vemos uma série de soluções tópicas, como apresentação da família, ou dos feitos, ou dos gostos do morto; podemos ver conversas entre dois mortos que estariam ali, ou avisos de como é o além, etc.; por outro lado, os ex-votos podem agradecer curas, casamentos, profissões, salvamentos, resgates, fim de dívidas, nascimentos, realizar novos pedidos, explicar a causa dos sofrimentos, etc. A isso, juntou-se a praxe de fazer epigramas junto de estátuas, relevos, quadros, brinquedos, etc., em que novamente o próprio objeto poderia falar ou ser descrito, poderia narrar quem o fez ou quem o encomendou, ou qual foi a causa de sua criação, etc. Por fim, e não menos importante, desenvolveu-se a prática do epigrama amoroso: pequenas mensagens de sedução ou de declaração do sofrimento, de reconhecimento do amor nos outros, como nas inscrições parietais de Pompeia (já romanas) ou nas paredes de banheiros de toda cidade grande contemporânea. Enfim, a matéria do epigrama, se em sua origem pareceria parca, é o próprio mundo; seu limite não é o tema, mas o tamanho. Como apresentava um limite material claro, a inscrição na pedra era um trabalho caro que exigia especialização na escrita e no corte da pedra; com isso, a imensa maioria dos epigramas que conhecemos não ultrapassam oito versos, sendo que a maioria costuma ficar entre dois a seis versos. É uma poética do mínimo, poemas-minuto da Antiguidade (se comparássemos com a poesia de Oswald de Andrade). No período helenístico, essa poética parece já estar também desvinculada da realidade: era então possível escrever epigramas fictícios, que jogassem com suas possibilidades no mundo real. O que isso quer dizer? Que depois de séculos de prática constante, os gregos perceberam que gostavam de ler e ouvir epigramas, mesmo que não houvesse nenhuma biografia por trás. É nesse mundo que

14 | COLEÇÃO CLÁSSICA

há a explosão da escrita epigramática posteriormente compilada nos quinze volumes da *Antologia Palatina* (uma dentre muitas que houve, mas a que felizmente nos chegou). É nela que estão quase todos os epigramas atribuídos a Calímaco.

Diante dessa metamorfose da poética e do epigrama, o que podemos esperar destes *Epigramas*? Jogos refinados de poética: em geral, a maior parte desses poemas nos convida a suprir o contexto, para entendermos o que eles são; poderíamos até encará-los como pequenos enigmas, em que os possíveis sentidos da interpretação só podem ser apontados depois que uma primeira interpretação sugere seus contextos. É o caso do epigrama XLVIII, em que uma máscara de Dioniso nos fala, como objeto dedicado a uma escola de teatro: ela tem sua boca aberta apenas por ser máscara teatral, ou por tédio divino? Ou nos poemas em forma de diálogo, em que precisamos perceber quando duas pessoas falariam desse modo para entendermos do que se trata. Em resumo, obras que se abrem e convidam o leitor a interferir, a passar por elas como por quadros numa galeria de variedades (Mussorgsky?) e por uma relação de leitura que não relaciona tempo e tamanho. Tal como nas brevíssimas composições dodecafônicas de Anton Webern (algumas não chegam a durar nem um minuto), a leitura desses epigramas exige um leitor paciente, que se envolva com eles: a pressa pragmática cotidiana aqui é o veneno da monotonia, que arrisca tornar os poemas aparentemente vazios ou sem sentido.

A poética de Calímaco

Vejamos esta passagem famosa da sua "Resposta aos Telquines", um fragmento que pertenceria aos *Aítia* (*Causas*), que pode ser um resumo da poética:

> Pois na primeira vez que pus as tabuletas
> no joelho, o Lício Apolo me falou:
> "Ah, meu aedo amado, engorde só o incenso,
> mas à Musa mantenha sempre fina.
> E por isso lhe ordeno: onde não passa carro,   25
> por lá prossiga, não conduza nunca

em rastro alheio e estrada larga, por caminhos
intactos siga a senda mais estreita".
(frag. 1, Pfeiffer, vv. 21-8)

Nesse trecho imitado por Virgílio nas *Bucólicas* e Propércio nas *Elegias*, vemos o poeta receber uma advertência do próprio deus da poesia, no momento em que vai escrever pela primeira vez. Já é de se notar que o poeta não menciona a performance como momento fundamental, mas a escrita ainda solitária – uma mudança nas práticas de escrita que teve influência enorme em seus resultados –; assim, o deus anui que se engorde o gado, mas não a Musa; esta – sendo a poesia – deve ser fina, magra, leve. O centro da discussão está entre o gosto popular pela épica tradicional – imitação diluída de Homero em poemas grandes que passam longe de ser grandes poemas – e uma poética minuciosa, de poucas palavras, que busca a trilha do novo e renega os espaços já muito trilhados. Famoso entre nós é o adágio *ad augusta per angusta;* pois bem, ele vem da poética de Calímaco. Compare-se o trecho anterior com o epigrama VIII:

Breve é o discurso, ó Dioniso, do poeta
    eloquente: se diz "Venci!", foi longo;
porém se alguém pergunta a quem não inspiraste,
    "Como é que foi?", responde "Foi bem mal".
Mas que essa seja a frase só dos mais injustos,
    e a mim, senhor, o microssilabar!

Aqui o anseio pela concisão beira o absurdo: "Venci" já é dizer demais, no caso do poeta eloquente. O próprio Calímaco desejará para si o microssilabar (um neologismo em grego, que verti por outro em português), até as sílabas serão breves, poesia do não, poesia do mínimo. A isso soma-se aquele empenho interpretativo que já comentei quanto à poética do epigrama: diante deste epigrama VIII, poderíamos pensar em que momento alguém falaria isso, para então supormos que se trate de um momento de vitória numa disputa teatral, já que sabemos que Calímaco escreveu os três tipos de drama grego (tragédia, comédia e drama satírico). Nesse caso, sua comemoração se dá pelo mínimo de palavras, tal como sua poética; aqui vida e obra podem se unir numa defesa da concisão, enquanto no fragmento anterior vemos a diferença no trato do gado e da poesia. Um último trecho, que encerra seu "Hino a Apolo" (vv. 105-13):

> Inveja então sussurra ao ouvido de Apolo:
> "Não amo o aedo que não canta quanto o mar".
> Mas Febo afasta Inveja aos chutes, e lhe diz:
> "Grande é o fluxo do rio Assírio, porém muito
> lixo e limo da terra carrega nas águas.
> Melissas não dão água a Deo de todo canto,
> mas a corrente pura e límpida se eleva
> da fonte sacra, gota a gota, só finura".
> Salve senhor! E Momo, que acompanhe a Inveja.

A inveja lança seus ataques contra o aedo da poesia menor; ela recusa a poesia que não se busca ampla como o mar (a comparação entre águas e poéticas é tradicional: Homero é o mar); porém vemos que o próprio Febo Apolo reaparece explicando como funcionam essas águas: os grandes rios levam muito lodo, são águas sujas (tema que será imitado por Horácio, nas *Odes* IV, 2); em contraponto às melissas, que em grego são tanto as sacerdotisas de Ártemis, irmã de Apolo, quanto as abelhas; as melissas levam água pura, pouco a pouco. Por fim, vemos a imagem de um olho d'água que brota gota a gota: uma poética de destilações.

Esta edição

Até onde tenho conhecimento, esta é a primeira tradução completa dos *Epigramas* de Calímaco em língua portuguesa. Como disse, há muitas traduções esparsas, com mais notas e interesse acadêmico. No meu caso, apesar de ser professor de latim e, eventualmente, de grego na UFPR, quero fazer aqui um diálogo poético, que faz uso da filologia apenas para produzir poesia, para realizar aquilo que considero ser a tarefa crítica de toda tradução poética. Fiz uma primeira versão destes poemas ainda em 2009, quando ministrei uma disciplina optativa sobre poesia helenística no curso de Letras da UFPR, depois deixei-os horacianamente descansar na gaveta.

Consultei algumas edições e comentários mais famosos, como de Pfeiffer e de Gow e Page, certamente não todos, e não segui nenhum exclusivamente; também consultei versões para algumas línguas: a de Cahen (francês), Mair (inglês), Trypanis (inglês), Redondo (espanhol), Castillo (espanhol), Asper (alemão) e Giannes Dallas (grego moderno), e todos guiaram diversas soluções. Mas agradeço imensamente a leitura, os comentários e o diálogo de João Angelo Oliva Neto, que ajudou muito no resultado final; além das sugestões de Rodrigo Tadeu Gonçalves e Sergio Maciel.

Para compor este volume, além dos 63 poemas editados por Pfeiffer, acrescentei mais dois que são considerados calimaquianos por Mair e ainda três fragmentos que me pareceram ser de origem epigramática. Por fim, acrescentei uma tradução integral de dois poemas metapoéticos muito famosos, o fragmento 1 na edição de Pfeiffer, a "Resposta aos Telquines", e o "Hino a Apolo", que citei brevemente logo acima. Espero que este livro seja um primeiro passo para mais traduções de Calímaco, quem sabe um passo para começarmos a inventá-lo em português.

Referências

ASPER, Markus. /Kallimachos. *Werke*. Darmstadt: Wissenschaftliche Buchgesellschaft, 2004.

CAHEN, Émile. /Callimaque. *Épigrammes, Hymnes*. Paris: Les Belles Lettres, 1961.

CAIRNS, Francis. *Generic composition in Greek and Roman poetry*. Edinburgh: Edinburgh University, 1972.

CASTILLO, Horacio. /Calímaco. *Epigramas*. Buenos Aires: Losada, 2005.

CUENCA Y PRADO, Luis Alberto de; SÁNCHEZ, Máximo Brioso. /Calímaco. *Himnos, Epigramas y fragmentos*. Madrid: Gredos, 1908.

Δαλλας, Γιαννης. /Καλλιμαχου. ΤΑ ΕΠΙΓΡΑΜΜΑΤΑ, ΣΤΟΥΣ ΤΕΛΧΙΝΕΣ. Αθηνα: Γαβριηλιδης, 2001.

D'ALESSIO, Giovan Battista. Callimaco: Inni; Epigrammi; Ecale; Aitia; Giambi e altri frammenti – 2 vols. 4ª ed. Milano: Rizzoli, 2007.

GOW, A. S. F.; PAGE, D. L. *The Greek Anthology 1: Hellenistic Epigrams*. 2 v. Cambridge: Cambridge University, 1965.

18 | COLEÇÃO CLÁSSICA

HARDER, M. A.; REGTUIT, R. F.; WAKKER, G. C. (Eds.). *Callimachus*. Groningen: Egbert Forsten, 1993.

HARDER, M. A.; REGTUIT, R. F.; WAKKER, G. C. (Eds.). *Callimachus II*. Groningen: Peeters, 2004.

HUNTER, Richard. *The Shadow of Callimachus: Studies in the Reception of Hellenistic Poetry at Rome*. Cambridge: Cambridge University, 2006.

HUTCHINSON, G. O. *Hellenistic Poetry*. Oxford: Clarendon, 1997.

KÖRTE, A.; HÄNDEL, P. *La poesía helenística*. Traducción de Juan Godo Costa. Barcelona: Labor, 1973.

MAIR, G. R. *Callimachus, Hymns and Epigrams; Lycophron and Aratus*. Cambridge: Harvard University, 1969.

PETIT, Paul. *A civilização helenística*. Tradução de Gilson Cesar Cardoso de Souza. São Paulo: Martins Fontes, 1987.

PFEIFFER, Rudolf. *Historia de la filología clásica I: desde los comienzos hasta el final de la época helenística*. [s/l]: Gredos, [s/d].

PFEIFFER, Rudolf. Callimachus. *Callimachus*. 2 v. Oxford: Clarendon, 1953.

REDONDO, Jordi. Calímaco. *Himnos y epigramas*. Madrid: Akal, 1999.

SNELL, Bruno. *A cultura e as origens do pensamento europeu*. Tradução de Pérola Carvalho. São Paulo: Perspectiva, 2001.

TRYPANIS, C. A.; GELZER, Thomas; WHITMAN, Cedric. *Callimachus and Musaeus*. Cambridge: Harvard University, 2004.

WILLIAMS, Frederick. *Callimachus: Hymn to Apollo*. Oxford: Clarendon, 1978.

Καλλιμάχου Ἐπιγράμματα

Epigramas de Calímaco

I (*Anth. Pal.* VII, 89; Diógenes Laércio, I, 79)

Ξεῖνος Ἀρτανείτης τις ἀνείρετο Πιττακὸν οὕτω
τὸν Μυτιληναῖον, παῖδα τὸν Ὑρράδιον·
ἄττα γέρον, δοιός με καλεῖ γάμος· ἡ μία μὲν δή
νύμφη καὶ πλούτῳ καὶ γενεῇ κατ᾽ ἐμέ,
ἡ δ᾽ ἑτέρη προβέβηκε. τί λώϊον; εἰ δ᾽ ἄγε σύμ μοι
βούλευσον, ποτέρην εἰς ὑμέναιον ἄγω.᾽
εἶπεν· ὁ δὲ σπίκωνα γεροντικὸν ὅπλον ἀείρας·
῾ἠνίδε κεῖνοί σοι πᾶν ἐρέουσιν ἔπος.᾽
(οἱ δ᾽ ἄρ᾽ ὑπὸ πληγῇσι θοὰς Βέμβικας ἔχοντες
ἔστρεφον εὐρείῃ παῖδες ἐνὶ τριόδῳ.)
῾κείνων ἔρχεο᾽, φησί, ῾μετ᾽ ἴχνια.᾽ χὠ μὲν ἐπέστη
πλησίον, οἱ δ᾽ ἔλεγον· ῾τὴν κατὰ σαυτὸν ἔλα.᾽
ταῦτ᾽ ἀΐων ὁ ξεῖνος ἐφείσατο μείζονος οἴκου
δράξασθαι, παίδων κληδόνα συνθέμενος.
τὴν δ᾽ ὀλίγην ὡς κεῖνος ἐς οἰκίον ἤγετο νύμφην,
οὕτω καὶ σύ, Δίων, τὴν κατὰ σαυτὸν ἔλα.

I[1]

Um forasteiro de Atarneia pede a Pítaco
de Mitilene, descendente de Hirras:
"Caro ancião, se dois casórios me convidam,
uma me iguala em raça e em riqueza
e outra supera: qual é melhor? Me aconselhe
com qual delas celebro o Himeneu".
Então o velho aponta o cetro, arma anciã:
"Eis dois que falam tudo por dizer".
(Ali aos golpes rodam céleres peões
crianças numa larga encruzilhada.)
"Siga os seus rastros", disse; então se aproximou
e eles falavam: "Leve a sua linha".
Ouvindo, o forasteiro larga o lar mais rico,
pois compreende o presságio das crianças,
e logo leva ao lar a esposa mais modesta.
Querido Díon, leve a sua linha.

---

[1] Pítaco de Mitilene era considerado um dos Sete Sábios da Grécia. Em Diógenes Laércio, lemos que Pítaco teria dado o conselho por experiência própria, por ter se casado com uma mulher mais rica. É também Laércio quem atribui o poema a Calímaco; porém, como observam Gow e Page, se não houvesse a indicação, dificilmente creríamos que esse poema tão simples e direto é da lavra calimaquiana.

"*tèn katà seautòn éla*", ao pé da letra "leva aquela que é tua", era um provérbio geralmente atribuído a Pítaco, mas também a outros sábios, com o sentido de que cada pessoa deve manter-se dentro de seu círculo econômico e social. Como a interpretação do provérbio depende de completarmos o objeto do verbo, optei por "linha", que aponta simultaneamente para o jogo do peão e para a linha social. Díon é um nome genérico grego, assim como Íon.

II (Anth. Pal. VII, 80, Diógenes Laércio IX, 17)

Εἶπέ τις, Ἡράκλειτε, τεὸν μόρον, ἐς δέ με δάκρυ
   ἤγαγεν· ἐμνήσθην δ᾿ ὁσσάκις ἀμφότεροι
ἥλιον ἐν λέσχῃ κατεδύσαμεν. ἀλλὰ σὺ μέν που,
   ξεῖν᾿ Ἁλικαρνησεῦ, τετράπαλαι σποδιή,
αἱ δὲ τεαὶ ζώουσιν ἀηδόνες, ᾗσιν ὁ πάντων
   ἁρπακτὴς Ἀΐδης οὐκ ἐπὶ χεῖρα βαλεῖ.

II²

Alguém contou teu fado, Heráclito, e uma lágrima
  caiu de mim; lembrei como nós dois
nas conversas deitávamos o sol. Mas tu,
  vindo de Halicarnasso, agora és cinza;
porém teus rouxinóis ainda vivem onde
  Hades, raptor de tudo, não os toca.

---

[2] Provavelmente Heráclito de Halicarnasso, autor do epigrama VII 465 da *Antologia Palatina* e amigo de Calímaco, segundo Estrabão; mas nada sabemos dele.

A passagem "nas conversas deitávamos o sol" foi imitada por Virgílio, *Bucólicas*, IX, 51-52.

O rouxinol é metáfora para a poesia, por seu canto, e, ao mesmo tempo para a morte; desse modo, Calímaco parece estar fazendo um jogo refinado entre as duas leituras, promovendo por fim um oximoro entre a vida através do canto e a própria morte física, esta, sim, inevitável. Também seria possível pensar que Ἀηδόνες (*Rouxinóis*) poderia ser o título de um livro de poemas de Heráclito.

(III) (*Anth. Pal.* VII, 320)[3]

[Ὀξεῖαι πάντῃ περὶ τὸν τάφον εἰσὶν ἄκανθαί
καὶ σκόλοπες· βλάψεις τοὺς πόδας, ἢν προσίῃς]
Τίμων μισάνθρωπος ἐνοικέω. ἀλλὰ πάρελθε
οἰμώζειν εἴπας πολλά, πάρελθε μόνον.

---

[3] Na *Antologia Palatina*, este epigrama é atribuído a Hegesipo; por isso costuma não ser editado como calimaquiano; optei por inseri-lo, a partir da edição de A. W. Mair.

(III)[4]

[Pontiagudos, por toda minha tumba, há espinhos
  e estacas. Fere o pé, se você chega.]
Eu moro aqui – Timão, o misantropo. Anda,
  bem pode lamentar, mas anda logo.

---

[4] Timão, o famoso misantropo ateniense, aparece também no epigrama IV
e foi tema de *Timão de Atenas*, de Shakespeare.

III (*Anth. Pal.* VII, 318)[5]

Μὴ χαίρειν εἴπῃς με, κακὸν κέαρ, ἀλλὰ πάρελθε·
ἴσον ἐμοὶ χαίρειν ἐστὶ τὸ μὴ σὲ γελᾶν.

---

[5] Este poema vem junto ao anterior e ao próximo, na *Antologia Palatina*, por isso é costume interpretar que se dirija ao mesmo Timão de Atenas.

III

Sem dar bom dia, ó negro peito, passa reto;
   sem ver o teu sorriso é bom meu dia.

IV (*Anth. Pal.* VII, 317)

Τίμων, οὐ γὰρ ἔτ᾽ ἐσσί, τί τοι, σκότος ἢ φάος, ἐχθρόν;
 ῾τὸ σκότος, ὑμέων γὰρ πλείονες εἰν Ἀΐδῃ.᾽

IV[6]

Timão, defunto o que é pior, luzes ou sombras?
"Sombras: vocês são maioria no Hades."

---

[6] Há um trocadilho com οἱ πλέονες, que indicava os mortos, ou seja, a maioria.

V (Ateneu, VII, 318b)

Κόγχος ἐγώ, Ζεφυρῖτι, παλαίτερος, ἀλλὰ σὺ νῦν με,
　Κύπρι, Σεληναίης ἄνθεμα πρῶτον ἔχεις,
ναυτίλος ὃς πελάγεσσιν ἐπέπλεον, εἰ μὲν ἀῆται,
　τείνας οἰκείων λαῖφος ἀπὸ προτόνων,
εἰ δὲ Γαληναίη, λιπαρὴ θεός, οὖλος ἐρέσσων
　ποσσὶν — ἰδ᾽ ὡς † τὤργῳ τοὔνομα συμφέρεται —
ἔστ᾽ ἔπεσον παρὰ θῖνας Ἰουλίδας ὄφρα γένωμαι
　σοὶ τὸ περίσκεπτον παίγνιον, Ἀρσινόη,
μηδέ μοι ἐν θαλάμησιν ἔθ᾽ ὡς πάρος — εἰμὶ γὰρ ἄπνους —
　τίκτηται νοτερῆς ᾤεον ἀλκυόνος.
Κλεινίου ἀλλὰ θυγατρὶ δίδου χάριν· οἶδε γὰρ ἐσθλά
　ῥέζειν καὶ Σμύρνης ἐστὶν ἀπ᾽ Αἰολίδος.

V[7]

Sou velha concha, ó Zefirite, mas agora,
  Cípria, sou dom que vem de Seleneia,
náutilo que vagava o mar se houvesse vento,
  içando as velas de meu próprio lar,
ou Galeneia, deusa brilhante, remando
  com meus pés – concordei o nome aos feitos –
para cair na areia em Iúlis e tornar-me
  teu brinquedo espantoso, ó Arsínoe;
que nunca surja em meu abrigo, pois morri,
  nenhum ovo de alcíone marinha.
Conceda a graça à filha de Clínias, pois é
  benevolente e vem da eólia Esmirna.

---

[7] Este epigrama funciona como uma oferenda da concha de um náutilo para Arsíno e Afrodite, no templo de Zefírio. No v. 1. preferi a leitura παλαίτερος, que aparece nos manuscritos à conjectura πάλαι τέρας (boa, por sinal) de Schneider, seguida por Pfeiffer.

Zefirite é um epíteto de Arsínoe II, filha de Ptolomeu I e Berenice. Casou-se e enviuvou-se seguidamente de alguns reis, até que, após sua morte, em 270 a.C. passou a receber um culto como deusa associada a Afrodite (Cípria, por ter origem em Chipre), no monte Zefírio, sendo conhecida como protetora dos navegantes. Foi nesse templo que Berenice II dedicou uma trança de seu cabelo, pelo retorno seguro de Ptolomeu Evérgeta, em 247 a.C. (tema da famosa *Coma de Berenice*, presente nos *Aetia* e imitado por Catulo 66). Também foi assimilada a Afrodite, como se pode ver no segundo verso, pela invocação por Cípria, epíteto da deusa do amor.

Seleneia é o nome de quem faz a oferenda, de quem não temos conhecimento, nem registro. Talvez seja uma variante do nome Selene, que indica a lua e era mais comum. Nos versos seguintes, vemos que ela seria filha de Clínias, também não identificado. Galeneia, ou Galene, nereida que personificava a calmaria do mar, cf. *Teogonia* v. 244. Iúlis é uma cidade da ilha de Ceos, no mar Jônico.

Sabemos que Arsinoé, antes de se casar com Ptolomeu I, havia se casado com Lisímaco, rei da Trácia, e que, junto com Antígono, havia fundado Esmirna helenística, na Eólia. Por isso, o verso usa a origem de Seleneia como ponto de afeto da deusa Arsinoé.

VI (Estrabão, XIV, 638)

Τοῦ Σαμίου πόνος εἰμὶ δόμῳ ποτὲ θεῖον ἀοιδόν
δεξαμένου, κλείω δ᾽ Εὔρυτον ὅσσ᾽ ἔπαθεν,
καὶ ξανθὴν Ἰόλειαν, Ὁμήρειὸν δὲ καλεῦμαι
γράμμα· Κρεωφύλῳ, Ζεῦ φίλε, τοῦτο μέγα.

VI[8]

Eu sou labor do sâmio que hospedou no lar
 o divo aedo, canto as dores de Êurito
e a loira Ioleia: dizem que sou letra homérica.
 Ah, meu Zeus, mas que lucro pra Creófilo!

---

[8] O epigrama está na voz do próprio poema *Tomada da Ecália*. Creófilo foi um poeta nascido em Éfeso (também tem nascimento atribuído a Samos), e autor dos *Anais Efésios* e da *Tomada de Ecália*. Segundo a tradição, teria recebido Homero em seu lar e dele recebera este último poema, mas Calímaco contesta essa versão, afirmando que o texto seria mesmo de Creófilo. O mito narrado no poema é sobre o concurso promovido por Êurito, rei de Ecália, na Tessália, que ofereceu sua filha, Ioleia ou Íole, a quem o vencesse no arco. Héracles cumpriu tal tarefa, porém o rei negou-lhe a recompensa, por isso o herói destruiu a cidade, matou o rei e desposou sua filha.

(VII) (*Anth. Pal.* IX, 67)[9]

Στήλην μητρυιῆς, μικρὰν λίθον, ἔστεφῇ κοῦρος,
ὡς βίον ἠλλάχθαι καὶ τρόπον οἰόμενος·
ἡ δὲ τάφῳ κλινθέντα κατέκτανε παῖδα πεσοῦσα·
φεύγετε μητρυιῆς καὶ τάφον οἱ πρόγονοι.

---

[9] Na *Antologia Palatina*, este epigrama aparece como anônimo; porém Planudes o atribui a Calímaco. Embora a maioria dos editores modernos o exclua da obra calimaquiana, também optei por mantê-lo, segundo a edição de A. W. Mair. As críticas à figura da madrasta eram típicas na literatura grega e latina.

(VII)

Um jovem coroava a estela da madrasta,
    julgando que mudara vida e modo,
mas a pedra o esmagou debruçado na tumba:
    até na tumba, fujam das madrastas!

VII (Anth. Pal. IX, 565)

Ἦλθε Θεαίτητος καθαρὴν ὁδόν. εἰ δ' ἐπὶ κισσόν
τὸν τεὸν οὐχ αὕτη, Βάκχε, κέλευθος ἄγει,
ἄλλων μὲν κήρυκες ἐπὶ βραχὺν οὔνομα καιρόν
φθέγξονται, κείνου δ' Ἑλλὰς ἀεὶ σοφίην.

VII[10]

Teeteto seguiu a estrada pura. Mesmo
   que ela não leve à tua hera, ó Baco,
por pouco tempo arautos louvarão os outros,
   e a Grécia sempre louvará seu gênio.

---

[10] Teeteto foi um poeta alexandrino, talvez cirenaico, de gosto parecido com o de Calímaco. Dele restaram alguns poemas: *Anth. pal.* VII, 444, 449, 727. A expressão καθαρὴν ὁδόν é impressionante, porém não é clara, por isso a verti ao pé da letra "estrada pura". Provavelmente se trata de uma expressão metapoética para indicar o caminho ainda novo, puro porque não foi sujo pela presença de outros viajantes.

VIII (*Anth. Pal.* IX, 566)

Μικρή τις, Διόνυσε, καλὰ πρήσσοντι ποιητῇ
  ῥῆσις· ὁ μὲν 'νικῶ' φησὶ τὸ μακρότατον,
ᾧ δὲ σὺ μὴ πνεύσῃς ἐνδέξιος, ἤν τις ἔρηται
  'πῶς ἔβαλες;' φησί, 'σκληρὰ τὰ γιγνόμενα'.
τῷ μερμηρίξαντι τὰ μὴ ἔνδικα τοῦτο γένοιτο
  τοῦτος· ἐμοὶ δ', ὦναξ, ἡ βραχυσυλλαβίη.

VIII[11]

Breve é o discurso, ó Dioniso, do poeta
  eloquente: se diz "Venci!", foi longo;
porém se alguém pergunta a quem não inspiraste,
  "Como é que foi?", responde "Foi bem mal".
Mas que essa seja a frase só dos mais injustos,
  e a mim, senhor, o microssilabar!

---

[11] O epigrama cria o contexto de um vencedor e de um derrotado nos festivais dionisíacos. Pela Suda, sabemos que Calímaco teria escrito tragédias, comédias e dramas satíricos; porém nenhum deles chegou até nós.

O microssilabar (βραχυσυλλαβίη) é um neologismo que, embora tenha um sentido transparente ("a sílaba curta"), ainda ecoa, por exemplo o termo βίη, a "força", dando mais ênfase ainda ao termo por sua concisão poética. Em português, "microssilabar" ecoa em "bar", num jogo leve com o deus do vinho.

IX (*Anth. Pal.* VII, 451)

Τῇδε Σάων ὁ Δίκωνος Ἀκάνθιος ἱερὸν ὕπνον
κοιμᾶται· θνήσκειν μὴ λέγε τοὺς ἀγαθούς.

IX[12]

Aqui Sáon de Acanto, o Dicônide, em santo
sono dorme: não diga que os bons morrem.

---

[12] Não sabemos quem viria a ser Sáon de Acanto, filho de Dícon: nenhum
dos dois nomes é muito comum, e a região, Acanto, poderia se referir a
pelo menos cinco locais diferentes.

X (*Anth. Pal.* VII, 520)

Ἢν δίζῃ Τίμαρχον ἐν Ἄϊδος, ὄφρα πύθηαι
   ἤ τι περὶ ψυχῆς ἢ πάλι πῶς ἔσεαι,
δίζεσθαι φυλῆς Πτολεμαΐδος υἱέα πατρός
   Παυσανίου· δήεις δ' αὐτὸν ἐν εὐσεβέων.

X[13]

Quem procura Timarco no Hades pra saber
sobre as almas ou se há uma outra vida,
procure o filho de Pausânias Ptolemaico:
ele se encontra junto aos piedosos.

---

[13] Diógenes Laércio (VI, 95) faz referência a um Timarco de Alexandria, filósofo pupilo do cínico Métrocles. Mas esse Timarco também poderia ser referência a um outro, que foi exortado ao epicurismo por Metrodoro (Plutarco, *Moralia* 1117b); ou ainda outro mencionado no testamento de Aristóteles (Diógenes Laércio V, 12). Segundo Pausânias (I, 6, 8), havia uma tribo nomeada Ptolomaica, em honra a Ptolomeu Filadelfo.

XI (*Anth. Pal.* VII, 447)

Σύντομος ἦν ὁ ξεῖνος, ὃ καὶ στίχος οὐ μακρὰ λέξων
'Θῆρις Ἀρισταίου Κρής' ἐπ' ἐμοὶ δολιχός.

XI[14]

Tão conciso o estrangeiro, que sua parca epígrafe
"Téris, o de Aristeu, cretense" é longa.

---

[14] Provavelmente se trata de um epigrama fúnebre fictício. Tentei, traduzindo *súntomos* por "conciso", manter a ambiguidade debatida entre os críticos: se seria uma característica da fala breve ou da estatura baixa do estrangeiro. Creio que as duas leituras são válidas, pois pode ser que a epígrafe seja muito longa para sua pouca fala, ou maior do que o próprio defunto. De certo modo, este epigrama parece poder se encaixar entre os programáticos, se lermos a referência à concisão como uma defesa de gosto estético, sobretudo para o gênero epigramático, que toma por base o lugar comum da laconicidade cretense; assim, Calímaco amplia o tema do epigrama funerário dando-lhe um tom cômico ao mesmo tempo em que entrevê a metapoesia possível. Ovídio aparentemente faz uma alusão a este epigrama em *Amores* II, 7, 59-60.

XII (*Anth. Pal.* VII, 521)

Κύζικον ἢν ἔλθῃς, ὀλίγος πόνος Ἱππακὸν εὑρεῖν
καὶ Διδύμην· ἀφανὴς οὔτι γὰρ ἡ γενεή.
καὶ σφιν ἀνιηρὸν μὲν ἐρεῖς ἔπος, ἔμπα δὲ λέξαι
τοῦθ', ὅτι τὸν κείνων ὧδ' ἐπέχω Κριτίην.

XII[15]

Se for a Cízico, é bem fácil achar Hípaco
  e Dídime: a família é bem famosa.
Você dará dorida notícia, mas diga
  que aqui eu cubro o filho deles, Crítias.

---

[15] Há muitos epigramas em que o último pedido é feito ao viajante que passa
diante da tumba, como o de levar a má notícia à família (cf. *Antologia Palatina*,
VII, 499, 500, 502, 540, 544, 569, 589, 631). De modo um pouco alterado, o
mesmo mote aparece em Propércio, *Elegias*, I, 21. Hípaco é um nome raro,
mas não sabemos se seria uma figura real.

XIII (*Anth. Pal.* VII, 524)

Ἦ ῥ' ὑπὸ σοὶ Χαρίδας ἀναπαύεται; 'εἰ τὸν Ἀρίμμα
τοῦ Κυρηναίου παῖδα λέγεις, ὑπ' ἐμοί.'
ὦ Χαρίδα, τί τὰ νέρθε; 'πολὺ σκότος.' αἱ δ' ἄνοδοι τί;
'ψεῦδος.' ὁ δὲ Πλούτων; 'μῦθος.' ἀπωλόμεθα.
'οὗτος ἐμὸς λόγος ὔμμιν ἀληθινός· εἰ δὲ τὸν ἡδύν
βούλει, Πελλαίου βοῦς μέγας εἰν Ἀΐδῃ.'

XIII[16]

O Cáridas repousa com você? "Se é filho
   de Arimas de Cirene, aqui debaixo."
Cáridas, como vai? "Num breu." E tem retorno?
   "Falso." E Plutão? "Conversa." Então danou-se!
"Pois é verdade, mas se quiser que eu agrade:
   um boi de Pela vale um touro no Hades."

---

[16] No poema, um viajante conversa com a tumba para confirmar ser de Cáridas; então passa a conversar diretamente com o defunto. Cáridas é um nome raríssimo, só aparece em Vitrúvio (VII, 14); talvez seja um erro para Cárias; Arimas, nome absolutamente desconhecido, é talvez uma forma contrata de Arímaco. A frase final de Cáridas já gerou muita disputa interpretativa, e eis a que mais me convence: em Pela, capital da Macedônia, as moedas, por terem um boi gravado, eram chamadas "bois"; Calímaco brinca, retomando o provérbio da vida barata no Hades e usando uma ideia que aparece também em *Iambos* I. Notem-se dois ecos no texto grego: ἡδύν (traduzido por "agrade") pode significar "mentira"; e existe também uma acepção de βοῦς (boi) no sentido de "cessar a fala", marcando o silêncio de Cáridas.

XIV (*Anth. Pal.* VII, 519)

Δαίμονα τίς εὖ οἶδε τὸν Αὔριον; ἀνίκα καὶ σέ,
   Χάρμι, τὸν ὀφθαλμοῖς χθιζὸν ἐν ἁμετέροις
τᾷ ἑτέρᾳ κλαύσαντες ἐθάπτομεν· οὐδὲν ἐκείνου
   εἶδε πατὴρ Διοφῶν χρῆμ᾽ ἀνιαρότερον.

XIV[17]

Alguém conhece o deus Amanhã? Caro Cármis,
    ainda ontem ante os nossos olhos,
nós hoje te enterramos. O teu pai Diófon
    nunca assistira a nada mais atroz.

---

[17] Desconhecemos as figuras mencionadas, e o epigrama pode ser fictício.

XV (*Anth. Pal.* VII, 522)

'Τιμονόη.' τίς δ'ἐσσί; μὰ δαίμονας, οὔ σ' ἂν ἐπέγνων
  εἰ μὴ Τιμοθέου πατρὸς ἐπῆν ὄνομα
στήλῃ καὶ Μήθυμνα, τεὴ πόλις. ἦ μέγα φημί
  χῆρον ἀνιᾶσθαι σὸν πόσιν Εὐθυμένη.

XV[18]

"Timónoe" – Quem? não saberia, pelos deuses!,
  sem ler na tumba o nome de teu pai
Timóteo e de Metimna, tua cidade. Um luto
  imenso sofre o teu viúvo, Eutímenes!

---

[18] Neste epigrama, vemos como gradativamente um viajante, ao ler o escrito
da lápide de Timónoe, reconhece sua origem. Segundo D'Alessio, "A dra-
matização do processo de leitura e de reconhecimento dos objetos descritos
é uma característica original do epigrama ecfrástico helenístico" (2007,
p. 229). O nome Timónoe não aparece em nenhum lugar na literatura gre-
ga; já Eutímedes e Timóteo são mais comuns. Metimna é provavelmente o
porto na ilha de Lesbos.

XVI (*Anth. Pal.* VII, 459)

Κρηθίδα τὴν πολύμυθον, ἐπισταμένη καλὰ παίζειν
    δίζηνται Σαμίων πολλάκι θυγατέρες,
ἡδίστην συνέριθον ἀεί λάλον· ἡ δ᾽ ἀποβρίζει
    ἐνθάδε τὸν πάσαις ὕπνον ὀφειλόμενον.

XVI[19]

Crétis, com tantos casos e agradáveis jogos,
   buscam-na sempre as jovens moças sâmias:
doce, falante companheira. E agora dorme
   aqui o sono que é devido a todos.

---

[19] O poema faz referência ao ambiente de tecelagem feminino, que parece
tanto agradar ao gosto helenístico. O nome Crétis, ou Crátis, não aparece
em nenhum outro lugar da cultura helênica.

XVII (*Anth. Pal.* VII, 271)

Ὄφελε μηδ᾽ ἐγένοντο θοαὶ νέες· οὐ γὰρ ἂν ἡμεῖς
παῖδα Διοκλείδεω Σώπολιν ἐστένομεν.
νῦν ὁ μὲν εἰν ἁλί που φέρεταί νέκυς, ἀντὶ δ᾽ ἐκείνου
οὔνομα καὶ κενεὸν σῆμα παρερχόμεθα.

XVII[20]

Se nunca houvesse as ágeis naus! Não choraríamos
   por Sópolis, o filho de Diocleides.
Seu corpo boia pelo mar, e em seu lugar
   nos resta o nome e o túmulo vazio.

---

[20] Este epigrama funciona como um cenotáfio. Nada sabemos das personagens
   mencionadas.

XVIII (*Anth. Pal.* VII, 272)

Νάξιος οὐκ ἐπὶ γῆς ἔθανεν Λύκος, ἀλλ' ἐνὶ πόντῳ
  ναῦν ἅμα καὶ ψυχὴν εἶδεν ἀπολλυμένην,
ἔμπορος Αἰγίνηθεν ὅτ' ἔπλεε· χὠ μὲν ἐν ὑγρῇ
  νεκρός, ἐγὼ δ' ἄλλως οὔνομα τύμβος ἔχων
κηρύσσω πανάληθες ἔπος τόδε· 'φεῦγε θαλάσσῃ
  συμμίσγειν Ἐρίφων, ναυτίλε, δυομένων.'

XVIII[21]

Náxio Lico morreu nas ondas, não na terra,
   vendo alma e barca juntas se perderem,
comerciante em Egina; o corpo está nas águas
   e eu, a tumba que tenho o nome apenas,
clamo palavras verdadeiras: "Fuja ao mar,
   marujo, se os Cabritos mergulharem".

---

[21] Outro cenotáfio. Alusão à constelação dos Cabritos, visível entre maio
e dezembro, meses propícios à navegação; na virada do ano, no entanto,
quando ela some, está-se exatamente na época das tempestades de inverno.

XIX (*Anth. Pal.* VII, 453)

Δωδεκέτη τὸν παῖδα πατὴρ ἀπέθηκε Φίλιππος
ἐνθάδε, τὴν πολλὴν ἐλπίδα, Νικοτέλην.

XIX[22]

O pai Felipe aqui pôs seu filho de doze,
toda sua esperança – seu Nicóteles.

---

[22] Felipe e Nicotéles são dois nomes bastante comuns; nem podemos decidir
se este epigrama doloroso, na forma de uma lápide, é fictício ou não.

XX (*Anth. Pal.* VII, 512)

Ήῷοι Μελάνιππον ἐθάπτομεν, ἠελίου δέ
    δυομένου Βασιλὼ κάτθανε παρθενική
αὐτοχερί· ζώειν γὰρ ἀδελφεὸν ἐν πυρὶ θεῖσα
    οὐκ ἔτλη. δίδυμον δ' οἶκος ἐσεῖδε κακόν
πατρὸς Ἀριστίπποιο, κατήφησεν δὲ Κυρήνη
    πᾶσα τὸν εὔτεκνον χῆρον ἰδοῦσα δόμον.

XX[23]

Na aurora nós queimamos Melanipo, e ao pôr
    do sol matou-se a virgem Basiló:
não suportou viver após lançar o irmão
    à pira. A um duplo luto assiste a casa
de Aristipo, seu pai; Cirene inteira cala
    ao ver o lar vazio de bons filhos.

---

[23] Cirene, a pátria de Calímaco, e Náucratis foram as únicas colônias gregas na África. Os nomes de Melanipo e Aristipo são magistrados conhecidos (aparecem em moedas, e devem ser de famílias nobres); é provável, portanto, que o Melanipo da moeda seja o avô do jovem morto. O nome Basiló não aparece em outros lugares; pode ser um diminutivo.

XXI (*Anth. Pal.* VII, 525)

Ὅστις ἐμὸν παρὰ σῆμα φέρεις πόδα, Καλλιμάχου με
ἴσθι Κυρηναίου παῖδά τε καὶ γενέτην.
εἰδείης δ' ἄμφω κεν· ὁ μέν κοτε πατρίδος ὅπλων
ἦρξεν, ὁ δ' ἤεισεν κρέσσονα βασκανίης.
[οὐ νέμεσις· Μοῦσαι γὰρ ὅσους ἴδον ὄμματι παῖδας
μὴ λοξῷ πολιοὺς οὐκ ἀπέθεντο φίλους.]

XXI[24]

Você que passa em minha tumba, saiba: sou
filho e pai de Calímaco em Cirene.
Sei que os conhece: um guiou as pátrias armas,
outro cantou mais forte que a inveja.
[Justo: se as Musas põem olhar sem ódio sobre
um jovem, não renegam na velhice.]

---

[24] Parece ser um epitáfio fictício de Bato, filho de Calímaco General e pai de
Calímaco poeta. Ironicamente o epitáfio faz louvor aos dois Calímacos,
deixando a figura do próprio morto em segundo lugar. Os dois versos
finais ainda dão muita dor de cabeça aos estudiosos; Willamowitz propôs
que ficassem ao fim do epigrama XXXV, já que assim ele aparece em
alguns manuscritos; mas creio, como Pfeiffer, D'Alessio e outros, que o
trecho está bem aqui e funciona poeticamente. O último dístico costuma
ser considerado espúrio, pois é praticamente idêntico a versos do frag. 1
de *Aetia*, e não faz tanto sentido com o que vem antes.

XXII

Ἀστακίδην τὸν Κρῆτα τὸν αἰπόλον ἥρπασε Νύμφη
  ἐξ ὄρεος, καὶ νῦν ἱερὸς Ἀστακίδης.
οὐκέτι Δικταίησιν ὑπὸ δρυσίν, οὐκέτι Δάφνιν,
  ποιμένες, Ἀστακίδην δ᾽ αἰὲν ἀεισόμεθα.

XXII[25]

A Astácida, cabreiro cretense, uma Ninfa
levou do monte, e agora é sacro Astácida.
Sob carvalhos dicteus, não cantaremos Dáfnis,
pastores, mas somente e sempre Astácida.

---

[25] Este epigrama é julgado por muitos como uma poetização da morte de algum poeta real, que não podemos identificar com certeza. Astácida é um patronímico para identificar o filho de Ástaco, que desconhecemos, e, embora saibamos que Melanipo seria filho de um Ástaco, no entanto não é de família cretense. Há quem defenda, por exemplo, que seja a respeito de Leônidas de Tarento, poeta pouco mais velho que Calímaco. Parece-me, entretanto, uma hipótese pouco produtiva, já que também não se trata de um cretense; é mais provável que se trate de um epigrama funerário ficcional que joga com o imaginário bucólico, ou que se refira a um poeta que desconhecemos.

O carvalho era uma árvore consagrada a Zeus, pois, quando pequeno fora ocultado de seu pais, Cronos, numa caverna do monte Dicte, local cheio dessa planta. Daí que se faça a referência à planta e a um local, chamando-os de "dicteus".

Mitologicamente, Dáfnis é filho de Hermes e de uma ninfa; viveu pelos campos como pastor e foi famoso por seu canto, associado à poesia bucólica (e por sua virgindade), até que morreu e foi levado ao Olimpo por seu pai; lá passou a ser um dos deuses que presidem o mundo pastoril. Em Teócrito, a figura de Dáfnis é recorrente e seu mito é cantado pelo pastor Tírsis no Idílio I.

XXIII (*Anth. Pal.* VII, 471, Sexto Empírico, Contra os matemáticos)

Εἶπας, Ἥλιε χαῖρε, Κλεόμβροτος ὠμβρακιώτης
  ἥλατ᾽ ἀφ᾽ ὑψηλοῦ τείχεος εἰς Ἀΐδην,
ἄξιον οὐδὲν ἰδὼν θανάτου κακόν, ἀλλὰ Πλάτωνος
  ἓν τὸ περὶ ψυχῆς γράμμ᾽ ἀναλεξάμενος.

XXIII[26]

Dizendo "Salve, Sol!", Cleômbroto de Ambrácia
lançou-se do alto da muralha ao Hades:
não vira nada mau na morte, apenas lera
o livro *Sobre a alma* de Platão.

---

[26] Referência a Cleômbroto de Ambrácia, pupilo de Platão, famoso por seu
suicídio após ler o diálogo *Fédon* (também conhecido como Περὶ ψυχῆς,
Sobre a alma), que é ridicularizado também por Luciano e por Sexto Em-
pírico; porém, nada mais sabemos dessa figura.

XXIV (*Anth. Pal.* IX, 336)

Ἥρως Αἰετίωνος ἐπίσταθμος Ἀμφιπολίτεω
  ἵδρυμαι μικρῷ μικρὸς ἐπὶ προθύρῳ
λοξὸν ὄφιν καὶ μοῦνον ἔχων ξίφος· ἀνέρι ἱππεῖ
  θυμωθεὶς πεζὸν κἀμὲ παρῳκίσατο.

XXIV[27]

Eu sou o Herói no umbral de Eécion de Anfípolis,
pequeno num vestíbulo pequeno,
porto uma serpe curva e uma espada, irritado
com o cavaleiro que me fez a pé.

---

[27] A compreensão deste epigrama não é fácil e exige ao menos alguns conhecimentos prévios: o Herói é uma estátua, caracteristicamente apresentada com armas e uma cobra (símbolo de sua origem ctônica) sobre um cavalo, e que, embora fosse amiúde pequena, poderia conter alguma inscrição. Neste caso, o poema é um perfeito exemplar do refinamento alexandrino por meio de alusões mitológicas e literárias. Em primeiro lugar, o suposto dono da estátua se chama Eécion de Anfípolis, tal como Eécion, pai de Andrômaca (esposa de Heitor), que foi morto, junto com seus sete filhos, por Aquiles. Ao mesmo tempo, não se sabe ao certo se deveríamos tomar o nome como referência direta ao mito, ou apenas como uma nomenclatura dada pela estátua ao seu dono. De qualquer modo, fica claro que a estátua reclama por não ter seu cavalo, uma vez que o dono (por não gostar de cavaleiros – possível alusão ao cavalo de Troia, uma vez que Eécion estaria do lado dos troianos) teria alguma desavença com tal imagem. Mas, ao mesmo tempo, deveríamos supor, se víssemos uma estátua com uma reclamação inscrita, que tal inscrição ironicamente só poderia ter sido encomendada pelo próprio dono que é alvo da crítica. Por fim, julgo que se trata de um sutil jogo de ironia literária, capaz de provocar certo riso no leitor culto da época, uma vez que a resolução de tais ambiguidades, penso, não deve ser efetuada, deixando o poema em instabilidade semântica constante.

XXV (*Anth. Pal.* V, 6)

Ὤμοσε Καλλίγνωτος Ἰωνίδι μήποτ' ἐκείνης
  ἕξειν μήτε φίλον κρέσσονα μήτε φίλην.
ὤμοσεν: ἀλλὰ λέγουσιν ἀληθέα τοὺς ἐν ἔρωτι
  ὅρκους μὴ δύνειν οὔατ' ἐς ἀθανάτων.
νῦν δ' ὁ μὲν ἀρσενικῷ θέρεται πυρί· τῆς δὲ ταλαίνης
  νύμφης ὡς Μεγαρέων οὐ λόγος οὐδ' ἀριθμός.

XXV[28]

Jurava Calignoto a Iônis nunca amar
    rapaz ou moça mais do que ama a ela.
Jurava, mas por certo as promessas de amor
    não alcançam ouvidos imortais.
Hoje ele arde por fogo macho e à pobre noiva,
    como aos mégaros, não dará mais trela.

---

[28] Este epigrama, que retoma um tema presente em Hesíodo, frag. 187, é por sua vez imitado por Catulo 70. "Este epigrama apresenta dois temas proverbiais: 'as juras de amor não atingem os ouvidos dos deuses' e 'quanto aos de Mégara não há cálculo nem conta'. Sobre o segundo nos dá abundante informação um escólio a Teócrito XIV, vv. 48-49: os megarenses perguntaram ao oráculo de Delfos que cidades eram superiores à sua, e a resposta foi que não eram segundos nem terceiros, nem quartos, nem duodécimos, mas que nem sequer entravam em cálculo ou conta alguma" (REDONDO, 1999, n. 46, p. 137).

XXVI (*Anth. Pal.* VII, 460)

Εἶχον ἀπὸ σμικρῶν ὀλίγον βίον οὔτε τι δεινόν
  ῥέζων οὔτ᾽ ἀδικέων οὐδένα. Γαῖα φίλη,
Μικύλος εἴ τι πονηρὸν ἐπήνεσα, μήτε σὺ κούφη
  γίνεο μήθ᾽ ἄλλοι δαίμονες οἵ μ᾽ ἔχετε.

XXVI[29]

Levei a vida humilde, com bem pouco e isento
   de males e injustiça. Terra amiga,
se eu – Mícilo – louvei o mal, não seja leve;
   nem mesmo os outros deuses que me prendem.

---

[29] O poema, num epitáfio fictício para um certo Mícilo (nome comum, eti-
mologicamente associado a micro, uma pequenez que bem cabe ao tema),
joga com uma expressão proverbial: "que a terra lhe seja leve".

XXVII (*Anth. Pal.* IX, 507)

Ἡσιόδου τό τ' ἄεισμα καὶ ὁ τρόπος· οὐ τὸν ἀοιδὸν
    ἔσχατον, ἀλλ' ὀκνέω μὴ τὸ μελιχρότατον
τῶν ἐπέων, ὁ Σολεὺς ἀπεμάξατο· χαίρετε λεπταί
    ῥήσιες, Ἀρήτου σύμβολον ἀγρυπνίης.

XXVII[30]

Hesiódica a canção e a arte. Ouso dizer
que o soleu não emula baixo aedo
mas os mais doces épicos: salvem seus leves
versos, ardente insônia para Arato.

---

[30] Talvez este poema funcionasse como uma inscrição epigramática para uma cópia do livro de Arato (aqui como "o soleu", nascido em Solos, na Cilícia), poeta helenístico que escreveu o poema astronômico *Phaenomena* (*Fenômenos*), foi muito apreciado por Calímaco, sobretudo por suas habilidades técnicas. Aqui Calímaco apresenta a óbvia influência da poesia didática de Hesíodo (doce épico, por oposição a Homero) sobre Arato e o próprio Calímaco; além de fazer uma brincadeira no último verso, ligando a insônia de Arato a dois aspectos: o gosto por Hesíodo e suas observações astronômicas.

XXVIII (*Anth. Pal.* XII, 43)

Ἐχθαίρω τὸ ποίημα τὸ κυκλικόν, οὐδὲ κελεύθῳ
    χαίρω, τίς πολλοὺς ὧδε καὶ ὧδε φέρει·
μισέω καὶ περίφοιτον ἐρώμενον, οὐδ' ἀπὸ κρήνης
    πίνω· σικχαίνω πάντα τὰ δημόσια.
Λυσανίη, σὺ δὲ ναίχι καλὸς καλός — ἀλλὰ πρὶν εἰπεῖν
    τοῦτο σαφῶς, Ἠχώ φησί τις· 'ἄλλος ἔχει.'

XXVIII[31]

Eu odeio o poema cíclico, não gosto
   de estradas que carregam todo o povo,
tenho horror ao amante grudento e não bebo
   em cisternas – desprezo o popular.
Lisânias, sim, és belo, belo; porém antes
   de Eco dizê-lo, um fala: "elo que peca".

---

[31] Esta pedra de toque da epigramática grega, imitada na abertura da Ode III, 1, de Horácio, resume parte da poética calimaquiana: o desejo de arriscar-se ao novo, evitando o gosto popular e os clichês literários. Ao mesmo tempo, Calímaco também recusa o canto épico cíclico e longo, em favor de construções menores, porém mais bem trabalhadas.

Os dois versos finais do poema são de um trabalho sonoro impressionante que, ao mesmo tempo em que criam um ruído na metapoética explícita anterior, revelam a poética calimaquiana na prática; busquei recriar os ecos sonoros com belo/ dizê-lo/ elo e Eco/peca. Eco aqui é a deusa condenada a apenas repetir o fim das palavras: ao repetir ναίχι καλός (sim, belo), na pronúncia popular da época, acaba soando ἄλλος ἔχει (outro o tem), que agora é o dono do amor do jovem Lisânias, cuja identidade desconhecemos: apenas sabemos de um gramático do mesmo nome, conhecido de Calímaco, porém sem idade para ser a figura em questão.

XXIX (*Anth. Pal.* XII, 51)

Ἔγχει καὶ πάλιν εἰπὲ 'Διοκλέος'· οὐδ' Ἀχελῷος
κείνου τῶν ἱερῶν αἰσθάνεται κυάθων.
καλὸς ὁ παῖς, Ἀχελῷε, λίην καλός, εἰ δέ τις οὐχί
φησίν, ἐπισταίμην μοῦνος ἐγὼ τὰ καλά.

XXIX[32]

Sirva mais vinho e diga "A Diocles!": Aqueloo
nem atenta nas suas sacras taças.
Belo moço, Aqueloo, tão belo: se alguém
negar, que só eu veja tal beleza!

---

[32] Este epigrama conciso é bastante difícil: trata-se de um brinde ao jovem Diocles, feito pelo poeta e por um certo Aqueloo, ambos apaixonados pelo jovem, que então bebem vinho puro. Aqueloo era um rio, e aqui é tomado simplesmente por "água" (ideia imitada por Virgílio, *Geórgicas* I, 9); para compreender melhor a passagem, é preciso atentar para o fato de que era um costume beber vinho puro (e não misturado com água, como sempre) em nome de uma pessoa.

XXX (*Anth.* XII, 71)

Θεσσαλικὲ Κλεόνικε τάλαν τάλαν, οὐ μὰ τὸν ὀξύν
    ἥλιον, οὐκ ἔγνων· σχέτλιε, ποῦ γέγονας;
ὀστέα σοι καὶ μοῦνον ἔτι τρίχες· ἦ ῥά σε δαίμων
    οὑμὸς ἔχει, χαλεπῇ δ᾽ ἤντεο θευμορίῃ;
ἔγνων· Εὐξίθεός σε συνήρπασε, καὶ σὺ γὰρ ἐλθὼν
    τὸν καλόν, ὦ μοχθήρ᾽, ἔβλεπες ἀμφοτέροις.

XXX[33]

Por este sol, que eu não te reconheço, pobre
  Cleônico tessálico: onde estavas?
És pura pele e osso! Acaso o mesmo nume
  nos prende, a mesma danação divina?
Já sei: Euxíteo te arrebata, também viste
  com teus dois olhos, infeliz, o belo.

---

[33] Epigrama homoerótico com duas figuras desconhecidas. A delicadeza do
poema está na revelação dos amores do próprio poeta, que partilha do
fado da doença amorosa, tal como Cleônico. O reconhecimento da be-
leza de Euxíteo pode ser lida, então, como reconhecimento da paixão
do poeta pelo mesmo jovem.

XXXI (*Anth. Pal.* XII, 102)

Ὠγρευτής, Ἐπίκυδες, ἐν οὔρεσι πάντα λαγωόν
    διφᾷ καὶ πάσης ἴχνια δορκαλίδος
στίβῃ καὶ νιφετῷ κεχαρημένος· ἢν δέ τις εἴπῃ
    'τῇ, τόδε βέβληται θηρίον', οὐκ ἔλαβεν.
χοὐμὸς ἔρως τοιόσδε· τὰ μὲν φεύγοντα διώκειν
    οἶδε, τὰ δ' ἐν μέσσῳ κείμενα παρπέταται.

XXXI[34]

Epícides, na serra o caçador procura
todas as lebres, rastros das gazelas,
exposto a gelo e neve; mas se alguém disser
"Olha, uma presa fácil!" – não a prende.
Assim é meu amor: persegue quem lhe foge,
deixa escapar quem repousava à mão.

---

[34] Este epigrama foi imitado por Horácio (*Sátiras*, I, 2, vv. 105 ss.) e Ovídio (*Amores*, II, 9, 9). Epícides era um nome bastante comum; poderia ser um conhecido de Calímaco que teria comentado sobre suas paixões, sejam elas reais ou poéticas.

XXXII (*Anth. Pal.* XII, 148)

Οἶδ᾽ ὅτι μευ πλούτου κενεαὶ χέρες· ἀλλά, Μένιππε
μὴ λέγε πρὸς Χαρίτων τοὐμὸν ὄνειρον ἐμοί.
ἀλγέω τὴν διὰ παντὸς ἔπος τόδε πικρὸν ἀκούων·
ναὶ, φίλε, τῶν παρὰ σεῦ τοῦτ᾽ ἀνεραστότατον.

XXXII[35]

Eu sei que estou de mãos vazias. Mas, Menipo,
  pelas Graças, não fale o que já sei!
Sofro de ponta a ponta ouvindo a frase amarga:
  foi o pior presente, meu querido.

---

[35] Menipo, de quem nada sabemos, seria um jovem amante do poeta, desejando
ganhar dinheiro. Ao pé da letra "não me contes o meu próprio sonho",
é um provérbio grego, que aparece também em Platão, *República*, 563d,
bem como no próprio Calímaco, *Epigramas* XLVIII, 6 (PFEIFFER, 1953).
Tem o sentido de "não me contes aquilo que já estou cansado de saber".

XXXIII (*Anth. Pal.* VI, 347)

Ἄρτεμι, τὶν τόδ᾽ ἄγαλμα Φιληρατὶς εἴσατο τῆδε·
ἀλλὰ σὺ μὲν δέξαι, πότνια, τὴν δὲ σάω.

XXXIII[36]

Ó Ártemis, Filératis fez esta oferta:
aceite, soberana, e guarde a salvo.

---

[36] Trata-se de uma dedicatória de uma estátua ao templo de Ártemis; o nome
Filératis (feminino) não aparece em nenhum outro lugar na literatura grega.

XXXIV (*Anth. Pal.* VI, 351)

Τίν με, λεοντάγχ᾽ ὦνα συοκτόνε, φήγινον ὄζον
 θῆκε – ᾽τίς;᾽ Ἀρχῖνος. ᾽ποῖος;᾽ ὁ Κρής. ᾽δέχομαι.᾽

XXXIV[37]

Eis carvalho a ti, forca-leão, ceifa-porco!
"De quem?" Arquino. "De onde?" Creta. "Aceito."

---

[37] Trata-se de uma dedicatória de uma clava de madeira, feita de carvalho, para Héracles, como podemos saber pelos dois epítetos típicos, que em seus doze trabalhos matou o Leão da Crimeia e o Javali de Erimanto. Não sabemos quem é Arquino (nome comum); é possível mesmo que seja um ex-voto fictício.

XXXV (*Anth. Pal.* VII, 415)

Βαττιάδεω παρὰ σῆμα φέρεις πόδας εὖ μὲν ἀοιδήν
εἰδότος, εὖ δ᾽ οἴνῳ καίρια συγγελάσαι.

XXXV[38]

Passas na tumba do Batíada, perito
em verso e em repartir sorriso em vinho.

---

[38] Batíada, descendente de Bato, lendário fundador de Cirene, a pátria de
Calímaco. Este epigrama parece ser um epitáfio ficcional do próprio poeta.

XXXVI (*Anth. Pal.* VII, 454, Ateneu X, 436e)

Τὸν βαθὺν οἰνοπότην Ἐρασίξενον ἡ δὶς ἐφεξῆς
ἀκρήτου προποθεῖσ᾽ ᾤχετ᾽ ἔχουσα κύλιξ.

XXXVI[39]

Junto ao bom bebedor Erasíxeno, duas
taças puras sem pausa se passaram.

---

[39] Este epigrama aparece como anônimo em Ateneu, e na *Antologia Palatina* apenas se diz que é do mesmo autor de epigrama precedente (de fato de Calímaco); por isso Willamowitz o considerou espúrio, no que é seguido por Pfeiffer e Mair; eu, no entanto, o incorporo, tal como Gow e Page. O poema parece ser apenas um jogo poético, embora esse tipo de tema aparecesse em epitáfios reais. Deve-se prestar atenção ao jogo de palavras, em que a referência à passagem das taças é na verdade alusão à passagem (morte) do próprio Erasíxeno (morto de tanto beber?), por quem as taças são bebidas, como um brinde fúnebre. O próprio nome do personagem também não deixa de ser interessante, uma vez que significaria, aproximadamente, "o que ama seus hóspedes".

XXXVII (*Anth. Pal.* XIII, 7)

Ὁ Λύκτιος Μενίτας
τὰ τόξα ταῦτ' ἐπειπών
ἔθεκε· 'τῆ, κέρας τοι
δίδωμι καὶ φαρέτρην,
Σάραπι· τοὺς δ' ὀϊστούς
ἔχουσιν Ἑσπερῖται.'

XXXVII[40]

Menitas vem de Licto
para ofertar seu arco
dizendo: "Toma o chifre
que dou com esta aljava,
Serápis; mas as setas
irão para os hespérides".

---

[40] Epigrama composto em metro diferente, dímetros iâmbicos, que verti
por versos de seis sílabas de cadência também jâmbica. O poema funciona
como um ex-voto de Menitas (desconhecido), um arqueiro, ou talvez
mercenário, de Licto, cidade de Creta famosa por seus arqueiros. Sarápis
é um tradicional deus egípcio, fusão entre Osíris e Ápis (a ressurreição de
Osíris), posteriormente promovido por Ptolomeu I como fusão entre Zeus
e Plutão, até receber o posto de principal divindade. Os hespérides são
o povo de Hespéride, cidade da Líbia, atual Benghazi. Dá-se a entender,
portanto, que, enquanto o arco de chifre e a aljava são ofertados para o
deus, as flechas são entregues para este povo. É provável que o epigrama faça
referência a uma batalha na região, que se deu em 247 a.C., mas poderia
ser em outra ocasião, na década de 270 a.C.

XXXVIII (*Anth. Pal.* XIII, 24)

Τὰ δῶρα τἀφροδίτῃ
Σῖμον ἡ περίφοιτος, εἰκόν' αὐτῆς
  ἔθεκε τήν τε μίτρην
ἢ μαστοὺς ἐφίλησε †τόν τε Πᾶνα
    ★ ★ ★
καὶ τοὺς αὐτοὺς ὁρῇ τάλαινα θάρσους†.

XXXVIII[41]

Presentes a Afrodite
da frequentada Símon: seu retrato,
a cinta que beijava
os seios, e uma estátua do deus Pã.

★ ★ ★

E ela observa infeliz seus artifícios.

---

[41] Epigrama em metro diferente, dísticos compostos por um dímetro iâmbico seguido de hendecassílabo falécio, que verti por um verso de seis e outro de dez sílabas. O epigrama funciona como ex-voto de uma cortesã chamada Símon para Afrodite, em agradecimento pelos dons do seu trabalho. Os dois últimos versos parecem estar comprometidos – provavelmente falta um verso entre eles – e a crítica não parece entrar num consenso sobre a edição do texto: sigo a edição de Gow e Page.

XXXIX (*Anth. Pal.* XIII, 25)

Δήμητρι τῇ Πιλαίῃ,
τῇ τοῦτον οὐκ Πελασγῶν
Ἀκρίσιος τὸν νηὸν ἐδείματο, ταῦθ' ὁ Ναυκρατίτης
καὶ τῇ κάτω θυγατρί
τὰ δῶρα Τιμόδημος
εἵσατο τῶν κερδέων δεκατεύματα· καὶ γὰρ εὔξαθ' οὕτως.

XXXIX[42]

A Deméter Pileia
o virtuoso pelasgo
Acrísio construiu um templo, e Timodemo de Náucratis
à filha subterrânea
também cedeu seus dons
por dízimo dos lucros que prometera nos seus votos.

---

[42] Epigrama em metro diverso, composto por tríptico de dois versos dímetros iâmbicos, seguidos por um arquiloqueu, que verti por dois hexassílabos e um verso de quinze sílabas. Acrísio era filho de Abante, rei de Argos, e teria construído um templo a Deméter Pileia ("das portas", um epíteto ainda de difícil explicação) em Antela, próximo das Termópilas, segundo Estrabão IX, 420, onde havia rituais da Liga Anfictiônica pelo menos duas vezes ao ano. Timodemo, por outro lado, não nos é conhecido; mas, levando em conta o caráter comercial de Náucratis (sua cidade, uma colônia grega na foz do Nilo desde o século VII a.C.), é provável que se trate de um comerciante. A filha subterrânea de Deméter é Perséfone, rainha dos mortos. Gow e Page sugerem que Timodemo ofertaria aqui um objeto, e não dinheiro.

XL (*Anth. Pal.* VII, 728)

Ἱερέη Δήμητρος ἐγώ ποτε καὶ πάλιν Καβείρων,
  ὦνερ, καὶ μετέπειτα Δινδυμήνης
ἡ γρηῦς γενόμην, ἡ νῦν κόνις †ἡ νο...
  πολλῶν προστασίη νέων γυναικῶν.
καὶ μοι τέκν' ἐγένοντο δύ' ἄρσενα, κἠπέμυσ' ἐκείνων
  εὐγήρως ἐνὶ χερσίν. ἕρπε χαίρων.

XL[43]

Sacerdotisa de Deméter, dos Cabiros eu fora,
  de Dindimene fui também outrora;
mas virei velha, e cinza eu sou agora...
  fui para jovens moças preceptora.
Nasceram-me dois machos, e os meus olhos fechei por fim
  velha em seus braços. Podem ir embora!

---

[43] Trata-se de um epigrama em metro diverso, feito de um dístico composto
por um arquiloqueu seguido de hendecassílabo falécio, que traduzi por
versos de quinze e dez sílabas. Deméter é a deusa da fecundidade e da
plantação; os Cabiros, por sua vez, são divindades ctônicas misteriosas – os
Grandes Deuses da Samotrácia, muito venerados no Egito ptolomaico –; e
por fim Dindimene é um outro nome para Cibele, deusa frígia, considerada
também como Grande Mãe e venerada em cultos orgiásticos em Díndimo
(há vários locais com tal nome). De certo modo, imagens de mistério e fe-
cundidade parecem perpassar os trabalhos da ex-sacerdotisa que se apresenta
neste epigrama funerário. O terceiro verso está incompleto, mas, mesmo
assim, utilizei-o como rima na tradução para a série de genitivos plurais
ao fim de quatro versos do original: nesse caso, é impossível que o efeito
sonoro não seja intencional por parte do poeta.

XLI (*Anth. Pal.* XII, 73)

Ἥμισύ μευ ψυχῆς ἔτι τὸ πνέον, ἥμισυ δ᾽ οὐκ οἶδ᾽
  εἴτ᾽ Ἔρος εἴτ᾽ Ἀΐδης ἥρπασε, πλὴν ἀφανές.
ἦ ῥά τιν᾽ ἐς παίδων πάλιν ᾤχετο; καὶ μὲν ἀπεῖπον
  πολλάκι· 'τὴν δρῆστιν μὴ νυ δέχεσθε νέοι'.
†ὀυκισυ δίφησον· ἐκεῖσε γὰρ ἡ λιθόλευστος
  κείνη καὶ δύσερως οἶδ᾽ ὅτι που στρέφεται.

XLI[44]

Metade de minh'alma ainda sopra, a outra
  não sei se Amor ou Hades a escondeu:
voltou para um menino? E eu tantas vezes disse:
  "Garotos, nunca aceitem esta perdida".
Busca Oquiso, pois eu bem sei que lá vai ela,
  apedrejada, louca em seu amor.

---

[44] Aulo Gélio apresenta uma imitação deste poema em *Noites Áticas,* xix, 9, feita por Quinto Lutácio Cátulo (149-87 a.c.), um dos poetas romanos mais importantes do período republicano, de quem só nos restou pouquíssima coisa. Eis o poema:

> Aufugit mi animus; credo, ut solet, ad Theotimum
>   deuenit. Sic est: perfugium illud habet.
> Quid, si non interdixem, ne illunc fugitiuum
>   mitteret ad se intro, sed magis eiceret?
> Ibimus quaesitum. Verum, ne ipsi teneamur,
>   formido. Quid ago? Da, Venus, consilium.

> O espírito me foge, como sempre, rumo
>   a Teotimo: encontra seu refúgio.
> E se eu não proibir, e se ele não guardar
>   em si meu fugitivo, e o lançar longe?
> Eu vou buscá-lo, que apavora-me perdê-lo.
>   Que faço? Vênus, peço teu conselho.

No verso 5 lê-se ὀυκισυνιφησον, que está seriamente corrompido e já recebeu diversas conjeturas. Sigo a alteração de νιφησον para δίφησον, proposta por Jacobs; e parece que, se desdobrarmos em duas palavras, ὀυκισυ seria um possível nome para o amado. Na impossibilidade de traduzir, inventei um nome semelhante (Oquiso), mantendo o problema. Uma solução proposta por Schneider seria lermos Θεύτιμον, Teutimo, como o nome do amado, o que explicaria Teotimo na versão de Cátulo.

XLII (*Anth. Pal.* XII, 118)

Εἰ μὲν ἑκών, Ἀρχῖν᾽, ἐπεκώμασα, μυρία μέμφου,
    εἰ δ᾽ ἄκων ἥκω, τὴν προπέτειαν ἔα.
ἄκρητος καιἜρως μ᾽ ἠνάγκασαν, ὧν ὁ μὲν αὐτῶν
    εἷλκεν, ὁ δ᾽ οὐκ εἴα τὴν προπέτειαν ἐᾶν.
ἐλθὼν δ᾽οὐκ ἐβόησα, τίς ἢ τίνος, ἀλλ᾽ ἐφίλησα
    τὴν φλιήν· εἰ τοῦτ᾽ ἔστ᾽ ἀδίκημ᾽, ἀδικέω.

XLII[45]

Se eu quis chegar na orgia, Arquino, aceito as críticas;
  se é sem querer, perdão: precipitei-me.
O Amor e o vinho me impeliram: um me arrasta
  e o outro sem perdão me precipita.
Nem gritei nome ou sobrenome, só beijei
  o umbral: se isso me culpa, sou culpado.

---

[45] Aqui temos um tema comum na poesia grega, o do amado em pleno κῶμος, komos, o momento em que, depois de um banquete, ele poderia sair bêbado e muitas vezes rumava à porta da pessoa amada, para tentar uma noite de sexo; por isso verti livremente por orgia, no sentido em que se costuma ver nos sambas da primeira metade do século passado, que indica a vida boêmia. O termo grego προπέτεια corresponde ao conceito estoico de precipitação, ação impremeditada. Este epigrama também foi achado, em estado fragmentário, na parte interna de uma casa do século I a.C., no Esquilino, em Roma. Temos várias passagens na poesia latina que imitam este epigrama: Prop. II, 30, v. 24 e I, 3, v. 13; Ovídio, *Amores*, I, 6, v. 59.

XLIII (*Anth. Pal.* XII, 134)

Ἕλκος ἔχῶν ὁ ξεῖνος ἐλάνθανεν· ὡς ἀνιηρὸν
  πνεῦμα διὰ στηθέων (εἶδες;) ἀνηγάγετο,
τὸ τρίτον ἡνίκ᾽ ἔπινε, τὰ δὲ ῥόδα φυλλοβολεῦντα
  τὠνδρὸς ἀπὸ στεφάνων πάντ᾽ ἐγένοντο χαμαί.
ὤπτηται μέγα δή τι. μὰ δαίμονας, οὐκ ἀπὸ ῥυσμοῦ
  εἰκάζω, φωρὸς δ᾽ ἴχνια φὼρ ἔμαθον.

XLIII[46]

O hóspede escondia uma ferida, infausto
   alento exala o peito (você viu?),
quando alcançava a taça; e as rosas da guirlanda
   vão se despetalando sobre a terra.
Tem grande ardor. E pelos deuses!, falo sério:
   ladrão conhece rastros de ladrão.

---

[46] Neste epigrama, que dialoga intensamente com outro atribuído a Ascle-
píades (*Anth. Pal.* XII, 135) e também com o epigrama XII, Calímaco
parecer retomar um ditado como "ladrão reconhece ladrão, como um lobo
reconhece outro lobo." Nos vv. 3-4, vemos a guirlanda de flores, tipica-
mente usada nos banquetes, cair como símbolo do sofrimento amoroso da
personagem.

XLIV (*Anth. Pal. XII* 139)

Ἔστι τι, ναί τὸν Πᾶνα, κεκρυμμένον, ἔστι τι ταύτῃ,
　ναί μὰ Διώνυσον, πῦρ ὑπὸ τῇ σποδιῇ.
οὐ θαρσέω· μὴ με περίκλεκε· πολλάκι λήθει
　τοῖχον ὑποτρώγων ἡσύχιος ποταμός.
τῷ καὶ νῦν δείδοικα, Μενέξενε, μή με παρεισδύς
　οὗτος ὁ σιγέρπης εἰς τὸν ἔρωτα βάλῃ.

XLIV[47]

Eu sei que algo se esconde, por Pã! por Dioniso!,
   eu vejo um fogo ardendo sob as cinzas.
Falta coragem: não me toque! Poucos notam
   que o rio calmo come uma muralha.
E hoje temo, Menéxeno, que entrando em mim
   este riacho arraste-me ao amor.

---

[47] No último verso, o trecho original deve estar corrompido, pois que a versão apresentada pela tradição (ουτοσοσειγαρνης) não se assemelha a nenhuma palavra grega conhecida; assim, das emendas apresentadas, preferi a de Bentley, aceita na edição italiana de D'Alessio, e seguida na tradução francesa de Cahen.

XLV (*Anth. Pal.* XII, 149)

Ληφθήσει, περίφευγε, Μενέκρατες· εἶπα Πανήμου
  εἰκάδι καὶ Λώου τῇ (τίνι;) τῇ δεκάτῃ
ἦλθεν ὁ βοῦς ὑπ' ἄροτρον ἑκούσιος. εὖ γ', ἐμὸς Ἑρμῆς,
  εὖ γ', ἐμός· οὐ παρὰ τὰς εἴκοσι μεμφόμεθα.

XLV[48]

"Foge, senão te prendem, Menécrates!", disse
vinte de abril. E (quando?) dez de maio
o boi já manso abraça o jugo. É bom, meu Hermes,
é bom! E não reclamo os vinte dias.

---

[48] Neste epigrama, o poeta celebra como venceu um jovem amado num prazo
de vinte dias, mas que então o outro cedeu ao casamento, como um touro
que, por fim, aceita submeter-se ao jugo que carrega o arado. Calímaco
cita dois meses de trinta dias do calendário Macedônio: Panemo equivale
ao nosso agosto, enquanto Loo seria nosso setembro. Por razões métricas e
rítmicas, optei pela sequência entre abril e maio. Hermes era considerado
deus do comércio e também do latrocínio. D'Alessio argumenta que a
expressão tem aqui o sentido de "sorte", o que me parece menos produtivo
do que a também invocação da situação pelo deus.

XLVI (*Anth. Pal.* XII, 150)

Ὡς ἀγαθὰν Πολύφαμος ἀνεύρατο τὰν ἐπαοιδάν
    τὠραμένῳ· ναί Γᾶν, οὐκ ἀμαθὴς ὁ Κύκλωψ·
αἱ Μοῖσαι τὸν ἔρωτα κατισχναίνοντι, Φίλιππε·
    ἦ πανακὲς πάντων φάρμακον ἁ σοφία.
τοῦτο, δοκέω, χὰ λιμὸς ἔχει μόνον ἐς τὰ πονηρά
    τὠγαθόν· ἐκκόπτει τὰν φιλόπαιδα νόσον.
ἔσθ᾽ ἁμὶν †χ᾽ ἀκαστας† ἀφειδέα ποττὸν Ἔρωτα
    τοῦτ᾽ εἶπαι· ᾽κείρευ τὰ πτερά, παιδάριον,
οὐδ᾽ ὅσον ἀττάραγόν τὺ δεδοίκαμες; αἱ γὰρ ἐπῳδαί
    οἴκοι τῷ χαλεπῷ τραύματος ἀμφότεραι.᾽

XLVI[49]

Que encanto Polifemo achou para os amantes!
  Pela Terra! O Ciclope não é besta!
As Musas minguam todo amor, caro Felipe,
  e o saber é remédio para os males.
Acho que até a fome faz um bem ao menos:
  amputar o desejo pelos jovens.
E para o inclemente Amor nós temos poucas
  e boas: "Corte as asas, menininho!
Você não vai causar nem migalha de medo:
  em casa há dois encantos contra a chaga".

---

[49] Epigrama irônico em que vemos dois remédios para o amor – poesia e fome –, que o poeta teria de sobra em casa. Felipe é identificado como um médico de Cós contemporâneo de Calímaco. O epigrama faz clara alusão ao idílio XI de Teócrito, em que vemos o Ciclope Polifemo (filho da Terra, o mesmo que aparece na *Odisseia*, IX, vv. 105-542) sofrer de amor por Galateia e superar a paixão enquanto canta; o poema de Teócrito, por sua vez, seria imitação de um poema de Filóxeno de Cítera.

XLVII (*Anth. Pal.* VI, 301)

Τὴν ἁλίην Εὔδημος, ἐφ᾽ ἧς ἅλα λιτὸν ἐπέσθων
  χειμῶνας μεγάλους ἐξέφυγεν δανέων,
θῆκε θεοῖς Σαμόθρῃξι λέγων ὅτι τήνδε κατ᾽ εὐχήν,
  ὦ λαοί, σωθεὶς ἐξ ἁλὸς ὧδ᾽ ἔθετο.

XLVII[50]

O saleiro, onde Eudemo um mar frugal comeu
    fugindo a duras tempestades (dívidas),
vai para os deuses samotrácios, e na prece
    diz que, salvo do sal, faz sua oferta.

---

[50] O epigrama, na forma de um ex-voto fictício, faz um jogo de palavras que, dentro das possibilidades do português, tento recriar na tradução: ἁλίη (saleiro) e ἅλς (que significa tanto "sal" como "mar") fazem o jogo entre a dieta parca de Eudemo e a metáfora das tempestades para um navegante. Daí que Eudemo faça sua oferta aos Cabiros (deuses Samotrácios, cf. nota ao epigrama XL), protetores da navegação, o meio pelo qual se salvou, por certo como comerciante.

XLVIII (*Anth. Pal.* VI, 310)

Εὐμαθίην ἠτεῖτο διδοὺς ἐμὲ Σῖμος ὁ Μίκκου
　ταῖς Μούσαις· αἱ δὲ Γλαῦκος ὅκως ἔδοσαν
ἀντ᾽ ὀλίγου μέγα δῶρον. ἐγὼ δ᾽ ἀνὰ τῆδε κεχηνώς
　κεῖμαι τοῦ Σαμίου διπλόον ὁ τραγικός
παιδαρίων Διόνυσος ἐπήκοος· οἱ δὲ λέγουσιν
　῾ἱερὸς ὁ πλόκαμος᾽, τοὐμὸν ὄνειαρ ἐμοί.

XLVIII[51]

Simo, filho de Mico, pede aprendizado
  ao dar-me às Musas: como Glauco, trocam
um parco dom por outro enorme. Tenho a boca
  bem maior que o de Samos, sou Dioniso
trágico, atento aos menininhos que proclamam
  "sacras melenas" como já bem sei.

---

[51] Este epigrama votivo trata, afinal, de uma máscara teatral de Dioniso trágico, que se compara a uma famosa estátua que estava em Samos. Tem a boca aberta para que a voz do ator em cena a atravesse livremente (embora D'Alessio interprete que se trata de uma simbolização irônica do tédio do deus, nas escolas de teatro), e imaginamos que a máscara possa ficar na parede de uma escola, onde crianças estudam o texto das *Bacantes* de Eurípides. O nome Simo era bastante comum, e sabemos de um ator com esse nome que foi zombado por Aléxis (frag. 135); o nome do pai, Mico, também comum, significa ao pé da letra "pequeno", como um apelido que poderia acompanhar o indivíduo por toda a vida.

Nos vv. 2-3 temos uma alusão a *Ilíada*, VI, 232-236, quando Glauco, então arrebatado por Zeus, troca suas armas de ouro pelas de bronze de Diomedes. "Sacras melenas" em grego é uma citação do verso 494 das *Bacas* de Eurípides, na boca do próprio Dioniso, quando responde a Penteu que deseja cortar os cabelos do deus. Tiro *ipsis litteris* os termos em português da tradução de Jaa Torrano como recriação de um estado de citação direta.

O último verso tem a expressão τοὐμὸν ὄνειαρ ἐμοί, que gera disputa entre os críticos. Ὄνειαρ pode ser epicamente compreendido como "prazer", "proveito", o que indicaria que os jovens agradam ao deus incorporado na máscara. No entanto, também é possível ler a passagem como a expressão idiomática que aparece no epigrama XXXII, o que então indicaria que os meninos repetem o que o deus já está cansado de saber e justificaria a boca aberta como bocejo de tédio. Tentei manter certa ambiguidade com a frase "como já bem sei", que pode indicar confirmação do deus, ou mesmo seu tédio.

XLIX (*Anth. Pal.* VI, 311)

Τῆς Ἀγοράνακτός με λέγε, ξένε, κωμικὸν ὄντως
    ἀγκεῖσθαι νίκης μάρτυρα τοῦ Ῥοδίου
Πάμφιλον, οὐκ ἐν ἔρωτι δεδαυμένον, ἥμισυ δ' ὀπτῇ
    ἰσχάδι καὶ λύχνοις Ἴσιδος εἰδόμενον.

XLIX[52]

Diga, estranho, que como um testemunho cômico
do triunfo de Agóranax de Rodes
me ofertam, Pânfilo, e ardo sem amor: pareço
um figo mal-assado ou fachos de Ísis.

---

[52] O epigrama votivo apresenta uma máscara de terracota de Pânfilo (típica figura do jovem apaixonado nas comédias de Menandro, personagem reapropriado, por exemplo, em Terêncio) ofertada pelo ator cômico Agoránax (alterei deliberadamente o acento para Agóranax) de Rodes, como agradecimento, decerto pelo sucesso com o público; não sabemos, no entanto, a quem a máscara é dedicada, embora Dioniso seja o principal candidato. Ironicamente a máscara declara que, no estado em que está e vista de perto, por falha na feitura do forno, assemelha-se mais a um figo seco ou às lâmpadas de Ísis, também feitas de terracota, do que a um jovem rapaz: assim, em vez de branca e bem feita, parece já queimada, cheia de asperezas. Ísis é uma deusa egípcia que passou a receber culto grego e, com o tempo, também romano.

L (*Anth. Pal.* VII, 458)

Τὴν Φρυγίην Αἴσχρην, ἀγαθὸν γάλα, πᾶσιν ἐν ἐσθλοῖς
  Μίκκος καὶ ζωὴν οὖσαν ἐγηροκόμει
καὶ φθιμένην ἀνέθηκεν, ἐπεσσομένοισιν ὁρᾶσθαι
  ἡ γρηὺς μαστῶν ὡς ἀπέχει χάριτας.

L[53]

Da frígia Escre, nobre leite, com fartura
  Mico cuidava enquanto ela viveu
e hoje fez esta efígie para todos verem
  que a velha era querida por seus peitos.

---

[53] Há um outro epigrama votivo muito semelhante a este em *Anth. Pal.* VII, 663. A ama é frígia, como tradição grega de preferir que venha de outra região, sobretudo como escrava; Escre (nome comum) ecoa o adjetivo αἰχρός, "torpe", "feio", o que talvez nos indique algum tipo de deformação na imagem da ama de leite; no original em grego, é interessante ver como o nome dela fica logo ao lado do adjetivo de seu leite, ἀγαθόν (bom, nobre). Mico é nome comum, mas também significa "pequeno", o que poderia indicar que aqui se assina como o apelido que teve junto à ama.

LI (*Anth. Pal.* V, 146)

Τέσσαρες αἱ Χάριτες· ποτὶ γὰρ μία ταῖς τρισὶ τήναις
 ἄρτι ποτεπλάσθη κῆτι μύροισι νοτεῖ.
εὐαίων ἐν πᾶσιν ἀρίζηλος Βερενίκα,
 ἃς ἄτερ οὐδ᾽ αὐταὶ ταὶ Χάριτες Χάριτες.

LI[54]

São quatro Graças, pois agora junto às três
   há uma que inda espalha seu perfume.
Entre elas a feliz, brilhante Berenice,
   porque sem ela não são Graças Graças.

---

[54] O poema descreve uma estátua e homenageia Berenice (mais provavelmente a II, esposa de Ptolomeu III Evérgeta, a quem Calímaco dedicara a *Coma de Berenice*) aludindo ao seu gosto por perfumes orientais e ao costume de se perfumarem as estátuas. O mesmo epíteto a Berenice (ἀρίζηλος, "brilhante") aparece em Teócrito, XVII, v. 57, só que para descrever Berenice I, esposa de Ptolomeu I Sóter. Por fim, vale ressaltar o gosto popular da repetição no último verso, que ao mesmo tempo, estilisticamente consegue apresentar em um poema breve três vezes a palavra "graças", como que evocando as divindades, e adicionando o nome de Berenice no meio: mimeticamente o poema emula a estátua que descreve. As três Graças eram filhas de Zeus com Eurínome, e seus nomes eram: Aglaé, Eufrosine e Talia.

LII (*Anth. Pal.* XII, 230)

Τὸν τὸ καλὸν μελανεῦντα Θεόκτιρον, εἰ μὲν ἔμ' ἔχθει,
   τετράκι μισοίης, εἰ δὲ φιλεῖ, φιλέοις,
ναίχι πρὸς εὐχαίτεω Γανυμήδεος, οὐράνιε Ζεῦ,
   καὶ σύ ποτ' ἠράσθης. οὐκέτι μακρὰ λέγω.

LII[55]

Se Teócrito belo negro me detesta,
    odeia-o quatro vezes; se ama, que ames:
a Ganimedes, belos cachos, Zeus celeste,
    bem que amaste. Não digo nada mais.

---

[55] O poeta pede a Zeus ajuda para seduzir um jovem Teócrito. Embora o poema jogue com (i) vocabulário e dialeto do poeta siracusano Teócrito (uso adverbial de τὸ καλόν de III, 13 e 18; e o imperativo ἔχθει), (ii) bem como faça alusão ao idílio VIII, 58-59, onde vemos a invocação de Zeus e o mito de Ganimedes, e (iii) aplique a diérese bucólica nos dois hexâmetros, não devemos necessariamente tomar o amado pelo Teócrito que conhecemos: na verdade, trata-se de um nome bastante comum, e o jogo apenas se refina com os usos de estilo de uma figura homônima e serve simultaneamente como uma alusão literária. Um motivo interessante para o nome seria sua etimologia "julgado por um deus", já que é isso que pede Calímaco; assim seria mais provável, segundo Redondo (1999, p. 146, n. 104), uma alusão a um Teócrito que aparece em Baquílides, frag. 18.

LIII (*Anth. Pal.* VI, 146)

Καὶ πάλιν, Εἰλήθυια, Λυκαινίδος ἐλθὲ καλεύσης
   εὔλοχος ὠδίνων ὧδε σὺν εὐτοκίῃ·
ὡς τόδε νῦν μέν, ἄνασσα, κόρης ὕπερ, ἀντὶ δὲ παιδὸς
   ὕστερον εὐώδης ἄλλο τι νηὸς ἔχοι.

LIII[56]

Vem de novo, Ilitia, ao clamor de Licênis,
   aplaca a dor do parto e fá-lo fértil;
um voto é pela filha; e se depois vier homem,
   teu templo perfumado vai ter outro.

---

[56] Epigrama de agradecimento na forma de um novo pedido: Ilitia é a deusa
que preside o parto; a quem Licênis pedira por bom parto; agora, depois
de ter uma filha, o pedido é pela vinda de um menino.

LIV (*Anth. Pal.* VI, 147)

Τὸ χρέος ὡς ἀπέχεις, Ἀσκληπιέ, τὸ πρὸ γυναικός
    Δημοδίκης Ἀκέσων ὤφελεν εὐξάμενος,
γιγνώσκειν· ἢν δ' ἄρα λάθῃ †καί μιν ἀπαιτῇς,
    φησὶ παρέξεσθαι μαρτυρίην ὁ πίναξ.

LIV[57]

Asclépio aceita o ex-voto que Áceson por sua
doce esposa Demódice ofertara,
e reconhece: caso esqueças ou reclames,
este quadro fará seu testemunho.

---

[57] No ex-voto em forma de tabuleta com imagem que este epigrama simula,
o marido agradece a cura da esposa, gênero da σωτηρία, para que a tabuleta
ficasse pendurada dentro do templo. Asclépio, filho de Apolo, é um deus
da medicina, e era bastante comum esse tipo de agradecimento. O nome
Áceson aparece em uma inscrição de Cirene, cidade de Calímaco; no en-
tanto Ακέσω é também o nome da filha de Asclépio e significa "curador",
o que reforça o caráter poético do epigrama. Não custa lembrar que o
nome Demódice, comum em grego, significa "justiça popular".

LV

Τῷ με Κανωπίτᾳ Καλλίστιον εἴκοσι μύξαις
 πλούσιον ἀ Κριτίου λύχνον ἔθηκε θεῷ
εὐξαμένα περὶ παιδὸς Ἀπελλίδος· ἐς δ᾽ἐμὰ φέγγη
 ἀθρήσας φάσεις· ῞Εσπερε, πῶς ἔπεσες;᾽

LV[58]

Ao deus Canópide Calístion de Crítias
  me oferta, rica lampa em vinte mechas,
pela cura da filha Apélis; e se vires
  meu resplendor, dirás: "Despertas, Vésper?"

---

[58] O deus do Canopo (cidade ao leste de Alexandria, nas margens do Nilo) deve
ser Serápis, que recebeu um templo de Ptolomeu Evérgeta, onde sabemos
que havia muito trabalho medicinal; porém há a possibilidade de ser Adônis,
que era identificado com a estrela da tarde.

Calístion, filha de Crítias, agradece neste epigrama pela cura de sua própria
filha Apélis; todos os nomes são comuns e não necessariamente apontam
para um acontecimento real. A lâmpada costumava ter apenas uma mecha,
por isso podemos supor que se trate de um objeto realmente luxuoso, pelas
suas vinte mechas, capaz de criar uma luz fora do comum para a época.

No último verso, há um jogo de palavras entre Ἕσπερε e ἔπεσες, o nome da
estrela Vésper e seu sentimento, que tentei recriar com "Despertas Vésper".

LVI (*Anth. Pal.* VI, 149)

Φησὶν ὅ με στήσας Εὐαίνετος (οὐ γὰρ ἔγωγε
   γιγνώσκω) νίκης ἀντί με τῆς ἰδίης
ἀγκεῖσθαι χάλκειον ἀλέκτορα Τυνδαρίδησι·
   πιστεύω Φαίδρου παιδὶ Φιλοξενίδεω.

LVI[59]

Evêneto falou, ao me ofertar (no entanto
nada sei), que era em nome da vitória;
deu-me um galo de bronze para os dois Tindáridas:
cri no filho de Fedro Filoxênida.

---

[59] Como comenta D'Alessio: "Não está claro se a vitória é de Evêneto ou do galo: o texto grego tem o adjetivo ambíguo ἰδίη, ou seja, 'minha própria', ou 'sua própria'. Rinhas de galos, mesmo em combates públicos, não eram raros na Grécia. Os Dióscuros são vinculados sobretudo às competições atléticas, mas o ponto talvez seja mais evidente se o galo é ignaro da vitória que uma inscrição atribuía a si mesmo [...] O texto joga refinadamente com a convenção, típica dos epigramas funerários, de fazer falar o objeto representado na lápide sepulcral" (D'ALESSIO, v. 1, n. 75, p. 264). Os Tindáridas são os Dióscuros Cástor e Pólux. Também acho interessante notar (embora não tenha encontrado em nenhum dos comentadores) que o Filóxeno ao qual Calímaco faz referência (pai de Fedro, que aqui aparece como patronímico e avô de Evêneto) pode ser o poeta que escreveu sobre o tema do Ciclope apaixonado, que foi apropriado por Teócrito no Idílio XI.

LVII (*Anth. Pal.* VI, 150)

Ἰναχίης ἕστηκεν ἐν Ἴσιδος ἡ Θάλεω παῖς
Αἰσχυλὶς Εἰρήνης μητρὸς ὑποσχεσίῃ.

LVII[60]

No templo Ináquio de Ísis a filha de Tales,
Ésquilis: voto de sua mãe Irene.

---

[60] Ísis, por sincretismo com Io, é tratada como Ináquia, filha de Ínaco, que transferi como epíteto do templo. O mito diz que ela foi transformada em bezerra por Hera, depois de mais um adultério de Zeus. Em uma de sua representações, Ísis aparece com chifres, mesmo sendo uma deusa egípcia. Quanto ao tema do poema, deve-se supor que se trata, na verdade, de uma estátua votiva da moça Ésquilis, filha de um certo Tales: os nomes são comuns e o motivo não fica claro, a não ser que consideremos a ligação de Ísis com o casamento; nesse caso seria comemoração pelo casório da filha.

LVIII (*Anth. Pal.* VII, 277)

Τίς, ξένος ὦ ναυηγέ; Λεόντιχος ἐνθάδε νεκρόν
  εὗρεν ἐπ' αἰγιαλοῦ, χῶσε δὲ τῷδε τάφῳ
δακρύσας ἐπίκηρον ἐὸν βίον· οὐδὲ γὰρ αὐτός
  ἥσυχον, αἰθυίῃ δ' ἴσα θαλασσοπορεῖ.

LVIII[61]

Quem é você, estranho náufrago? Leôntico
   achou na praia o corpo e fez-lhe um túmulo
chorando a própria vida efêmera e sem paz
   de quem navega como a gaivota.

---

[61] Este epigrama funerário joga com o lugar comum da lápide que apresenta o morto (nome, pátria, família, etc.), mas neste caso isso não pode acontecer, já que Leôntico não conhece o corpo que enterrou; assim, temos na lápide as reflexões do próprio Leôntico, também um navegante, que vê no corpo do desconhecido o risco que ele próprio sempre corre.

LIX (*Anth. Pal.* XI, 362)

Εὐδαίμων ὅτι τἆλλα μανεὶς ὡρχαῖος Ὀρέστας,
　Λεύκαρε, τὰν ἁμὰν οὐκ ἐμάνη μανίαν
οὐδ᾽ ἔλαβ᾽ἐξέτασιν τῶ Φωκέος ἅτις ἐλέγχει
　τὸν φίλον· ἀλλ᾽ αἰ χῆν δρᾶμ᾽ ἐδίδαξε μόνον,
ἦ τάχα κα τὸν ἑταῖρον ἀπώλεσε· τοῦτο ποήσας
　κἠγὼ τὼς πολλὼς οὐκέτ᾽ἔχω Πυλάδας.

LIX[62]

Feliz e louco fora aquele velho Orestes,
  sem padecer minha loucura, ó Lêucaro,
nem pedir ao focense prova de amizade;
  se ele tivesse escrito uma tragédia,
já perderia o companheiro – assim eu fiz,
  mas agora não tenho um outro Pílades.

---

[62] O poema faz uma relação entre o sentimento subjetivo e a história de Orestes e Pílades (o focense, filho de Estrófio, rei da Fócida), seu grande companheiro no assassinato de Egisto e sobretudo na viagem a Táuris, onde ofereceu sua vida pela do amigo, sem no fim das contas perdê-la; no período helenístico vemos, por vezes, a dupla de amigos ser representada também como uma dupla de amantes. O jogo funciona pelo fato de Calímaco aludir ter feito tragédias (os *Suidas* atestam que ele tenha feito tragédias, comédias e dramas satíricos), o que o levou a perder seu amado; coisa que não aconteceu com Orestes, que é um personagem: assim, campo do epigrama amoroso invade o fim do poema. Lêucaro é um nome que aparece Aristóteles, frag. 435.

LX (*Anth. Pal.* VII, 523)

Οἵτινες Ἀλείοιο παρέρπετε σῆμα Κίμωνος,
  ἴστε τὸν Ἱππαίου παῖδα παρερχόμενοι.

LX[63]

Quem quer que chegue à tumba de Címon da Élida:
junto ao filho de Hipeu vocês passaram.

---

[63] Desconhecemos quem seriam os personagens deste epigrama funerário;
Pausânias (VI, 3, 5) menciona um certo Hipo da Élida, mas não deve ser
o caso. A Élida era uma região grega a oeste do Peloponeso, cuja capital
era Olímpia.

LXI (*Anth. Pal.* VII, 725)

Αἴνιε (καὶ σὺ γὰρ ὧδε) Μενέκρατες, †οὐκ ἔτι πουλύς
  ἦσθα, τί σε, ξείνων λῷστε, κατειργάσατο;
ἦ ῥα τὸ καὶ Κένταυρον; ʽ ὅ μοι πεπρωμένος ὕπνος
  ἦλθεν, ὁ δὲ τλήμων οἶνος ἔχει πρόφασιν.ʼ

LXI[64]

Cá estás, Menécrates de Eno, e eras valente:
o que te despachou, meu caro hóspede?
O mesmo que ao Centauro? "Veio o sono eterno,
mas o maldito vinho leva a culpa."

---

[64] Eno é por certo uma cidade da Trácia, pátria ligada a Dioniso e muito associada à bebedeira em geral; de Menécrates nada sabemos. Para os dois primeiros versos, sigo sobretudo a leitura de D'Alessio, baseada no texto de Pfeiffer: nesta chave, parece-me que quem fala é o próprio cemitério, ou outra tumba ao lado da de Menécrates, que agora o recebe (daí a leitura "hóspede"). De qualquer modo, o texto transmitido do primeiro verso é questionável e recebeu algumas hipóteses; mas segui Pfeiffer, que mantém o texto tal como nos foi apresentado. A comparação com o Centauro é famosa, aludindo ao mito de que o centauro Eurítio, bêbado de vinho, tentara estuprar Hipodâmia no dia de seu casamento com Pirítoo, o que gerou a guerra entre centauros e lápitas (*Od.* XXI, v. 295). Menécrates por fim responde que era apenas seu destino, mas que o vinho foi culpado, sem ele ter feito nada.

LXII

Κυνθιάδες, θαρσεῖτε, τὰ γὰρ τοῦ Κρητὸς Ἐχέμμα
   κεῖται ἐν Ὀρτυγίῃ τόξα παρ' Ἀρτέμιδι,
οἷς ὑμέων ἐκένωσεν ὄρος μέγα, νῦν δὲ πέπαυται,
   αἶγες, ἐπεὶ σπονδὰς ἡ θεὸς εἰργάσατο.

LXII[65]

Cíntias, coragem! O arco do cretense Equemas
foi deposto em Ortígia junto a Ártemis,
e hoje descansa quem vos devastou no monte,
cabras; depois que a deusa deu-lhe trégua.

---

[65] O epigrama tem sua graça na demora em revelar que as cíntias (relativo ao
monte Cinto, de onde Apolo e Ártemis, por serem desse local em Delos,
são conhecidos também como Cíntio e Cíntia, respectivamente), são na
verdade as cabras que habitam o monte. Também lentamente se revelam
os motivos, como a figura do caçador Equemas (nome que aparece em
algumas inscrições), ligado a Ártemis (uma deusa caçadora), que se aposenta
depois de quase acabar com o rebanho da região; e o poema conclui sendo
um epigrama votivo. Ortígia é o antigo nome de Delos, onde havia um
santuário a Ártemis.

LXIII (*Anth. Pal.* V, 23)

Οὕτως ὑπνώσαις, Κωνώπιον, ὡς ἐμὲ ποιεῖς
κοιμᾶσθαι ψυχροῖς τοῖσδε παρὰ προθύροις.
οὕτως ὑπνώσαις, ἀδικωτάτη, ὡς τὸν ἐραστήν
κοιμίζεις, ἐλέου δ' οὐδ' ὄναρ ἠντίασας.
γείτονες οἰκτείρουσι, σὺ δ οὐδ' ὄναρ· ἡ πολιὴ δέ
αὐτίκ' ἀναμνήσει ταῦτά σε πάντα κόμη.

LXIII[66]

Que você durma o sono que me fez, Conópion,
  deitar diante dessas portas frias.
Que você durma, injusta, o sono que cedeu,
  cruel até nos sonhos, ao amante.
Os vizinhos têm pena, e você, nem nos sonhos;
  porém as cãs recordarão meus ditos.

---

[66] O poema é atribuído a Calímaco na *Antologia Palatina* V, 23; mas Máximo Planudes o atribui a Rufino; Pfeiffer, bem como Gow e Page, também desconfia da autenticidade do poema, devido a diferenças de estilo e da temática (único epigrama heterossexual de Calímaco). Ao pé da letra, o nome da amada significa, derivado de κώνωψ, "Mosquito", e era um nome de guerra comum em cortesãs.

Aqui vemos uma tópica tradicional, o *paraklausíthyron*, ou o lamento diante da porta fechada; enquanto tenta convencer sua amada a abrir a porta, o poeta faz ameaças de sofrimento e de velhice para a jovem, que um dia não será mais sedutora. Essa tópica abunda na poesia romana posterior, como em Catulo, Propércio, Tibulo, Ovídio, Horácio, Plauto, etc.

Três fragmentos[67]

---

[67] Gow e Page apresentam mais sete fragmentos que pertenceriam a epigramas; Cahen edita três (e apenas um coincide com os de Gow e Page). Da minha parte, os únicos que me pareceram ter maior chance de pertencer de fato a um epigrama de Calímaco são estes.

(1) Frag. 393 (Diógenes Laércio, II, 111, Sexto Empírico, *Contra os matemáticos* I, 309)

αὐτὸς ὁ Μῶμος
ἔγραφεν ἐν τοίχοις 'ὁ Κρόνος ἐστὶ σοφός.'
[...]
ἠνίδε κοὶ κόρακες τεγέων ἔπι 'κοῖα σθνῆπται;'
κρώζουσιν καὶ 'κῶς αὖθι γενησόμεθα;'

(1) Frag. 393[68]

> Mesmo Momo
> grafou nos muros: "Como Crono é sábio!"
> [...]
> Mas veja como os corvos gralham nos telhados
> "que interações teremos?" e "outra vida?".

---

[68] Este epigrama apresenta Momo, a divindade da zombaria e da crítica, que aqui escreve o apelido de Diodoro de Iaso, filho de Amínias, conhecido como Crono; ele foi um dos últimos filósofos da escola de Mégara. A citação dos corvos sugerem ironicamente que suas obras já eram tão famosas que até esses animais as conheciam. Pelo que podemos saber, Diodoro argumentava a imortalidade a partir da negação da possibilidade de movimento.

(2) Frag. 398 (*Vit. Dion. Per.*)

Λύδη καὶ παχὺ γράμμα καὶ οὐ τορόν

(2) Frag. 398[69]

A *Lide*, um livro gordo e nada lúcido

---

[69] Crítica acerca da poesia amorosa de Antímaco de Colofão (n. c. 444 a.C.) sobre Lide, uma jovem lídia, crítica que ecoa nos versos de Catulo 95. Novamente temos a oposição entre o livro longo, mal cuidado, e a estética calimaquiana do microssilabar.

(3) ΓΡΑΦΕΙΟΝ (*De re metrica*, p. 224)

εἵλκυσε δὲ δριμύν τε χόλον κυνὸς ὀξύ τε κέντρον
σφηκός, ἀπ' ἀμφοτέρων δ' ἰὸν ἔχει στόματος.

(3) Do *Grafeion*[70]

Herdou dos cães a ira e o ferrão das vespas,
na boca ardiam os venenos de ambos.

---

[70] Não sabemos ao certo o que viria a ser o livro *Grafeion*, que significava algo como "arquivo" no período helenístico; o único local em que ouvimos falar de tal livro é numa antologia *De re metrica* (*Da métrica*) de autor anônimo. Talvez fosse uma coletânea de poemas, ou epigramas, acerca de poetas ou outras figuras famosas. Neste caso, parece ser referência à poesia invectiva de Arquíloco.

ANEXO

Um fragmento e um hino

IN TELCHINAS (*Aetia frag. 1, Pfeiffer*)

Αἰὲν] ἐμοὶ Τελχῖνες ἐπιτρύζουσιν ἀοιδῃ,
   νήιδες οἳ Μούσης οὐκ ἐγένοντο φίλοι,
εἵνεκεν οὐχ ἓν ἄεισμα διηνεκὲς ἢ Βασιλη
   ......]ας ἐν πολλαῖς ἤνυσα χιλιάσιν
ἢ.....]ους ἥρωας, ἔπος δ᾽ ἐπὶ τυτθὸν ἐλ[ίσσω   5
   παῖς ἅτε, τῶν δ ἐτέων ἡ δεκὰς οὐκ ὀλίγη.
Φημὶ δὲ] καὶ Τε[λ]χῖσιν ἐγὼ τόδε· ῾ φῦλον α[
   μοῦνον ἐὸν] τήκ[ειν] ἧταρ ἐπιστάμενον,
......].. ρεην [ὀλ]ιγόστιχος· ἀλλὰ καθέλκει
   δρῦν πολὺ τὴν μακρὴν ὄμπνια Θεσμοφόρο[ς·   10
τοῖν δὲ] δυοῖν Μίμνερμος ὅτι γλυκύς, αἱ κατὰ λεπτόν
   ......] ἡ μεγάλη δ᾽ οὐκ ἐδίδαξε γυνή.
Κλαγγ]ὸν ἐπὶ Θρήϊκας ἀπ᾽ Αἰγύπτοιο [πέτοιτο
   αἵματ]ι Πυγμαίων ἡδομένη [γ]έρα[νος,
Μασσαγέται καὶ μακρὸν ὀϊστεύοιεν ἐπ᾽ ἄνδρα   15
   Μῆδον]· ἀ[ηδονίδες] δ᾽ ὧδε μελιχρ[ό]τεραι.
ἔλλετε Βασκανίης ὀλοὸν γένος· αὖθι δὲ τέχνη

AOS TELQUINES (*As causas*, Livro I?)

Sempre os Telquines zumbem contra o meu cantar,[1]
néscios da Musa, não lhe são queridos;
pois nunca terminei um poema contínuo
louvando reis com versos aos milhares
ou antigos heróis; meu texto é breve, como   5
criança, sem que eu tenha poucas décadas.
E eu respondo aos Telquines: "Ah, raça espinhosa
que sabe apenas consumir seu fígado,
Eu sou de poucos versos, mas muito supera
a alma *Legisladora* ao grande roble;[2]   10
também Mimnermo é doce em dois de seus mais finos
poemas, mais que na *Mulher Imensa*".[3]
E que do Egito à Trácia longe voe a grua
que só goza no sangue dos pigmeus,[4]
que os masságetas lancem setas contra os medas;   15
mas rouxinóis pequenos são mais doces.[5]
Fujam, raça funesta da inveja, e só julguem

---

[1] Os Telquines são uma estirpe mítica de artesãos mágicos, geralmente associados à inveja. Desde a Antiguidade tardia estudiosos tentam identificar quem se apresentaria sob o nome dessas figuras míticas. Alguns dos que já foram listados são Asclepíades, Posidipo, Dioniso Escitobráquion, Apolônio de Rodes, etc. Entretanto nenhuma dessas hipóteses (geralmente baseadas em possíveis controvérsias provocadas por Calímaco) se confirma, pois, apesar dos diversos debates que, supomos, existiram nesse período, nenhum dos autores listados se enquadra muito bem na figura dos Telquines.

[2] Poderia ser uma referência ao poema *Deméter* de Filetas de Cós; a obra à qual esta se compara não pode ser decifrada no papiro, e não sabemos se seria outra do próprio Filetas, ou de outro poeta.

[3] A interpretação dessa referência é complexa, se for uma comparação interna à poesia de Mimnermo, poderia ser seu longo poema *Nanno* (nome de mulher, daí que seja a mulher imensa); entretanto alguns estudiosos argumentam que poderia ser a *Lide* de Antímaco, numa comparação entre dois poetas diferentes. Dada a disputa, tentei manter a ambiguidade na tradução.

[4] Alusão ao mito de que os Pigmeus (um povo de anões que habitava o alto Nilo) teriam sido massacrados por grous.

[5] Calímaco joga com a tradição grega que assemelha rouxinóis ao canto.

κρίνετε,] μὴ σχοίνῳ Περσίδι τὴν σοφίην·
μηδ᾽ ἀπ᾽ ἐμεῦ διφᾶτε μέγα ψοφέουσαν ἀοιδήν
τίκτεσθαι· βροντᾶν οὐκ ἐμόν ἀλλὰ Διός.᾽ 20
καὶ γὰρ ὅτε πρώτιστον ἐμοῖς ἐπὶ δέλτον ἔθηκα
γούνασιν, Ἀ[πό]λλων εἶπεν ὅ μοι Λύκιος·
ἦ δέον α]ἰέν, ἀοιδέ, τὸ μὲν θύος ὅττι πάχιστον
θρέψαι, τὴ]ν Μοῦσαν δ᾽ ὠγαθὲ λεπταλέην·
πρὸς δέ σσε καὶ τόδ᾽ ἄνωγα, τὰ μὴ πατέουσιν ἅμαξαι 25
τὰ στείβειν, ἑτέρων δ᾽ ἴχνια μὴ καθ᾽ ὁμά
δίφρον ἐλ]ᾶν μηδ᾽ οἷμον ἀνὰ πλατύν, ἀλλὰ κελεύθος
ἀτρίπτο]υς, εἰ καὶ στεινοτέρην ἐλάσεις.᾽
τῷ πιθόμη]ν· ἐνὶ τοῖς γὰρ ἀείδομεν οἳ λιγὺν ἦχον
τέττιγος, θ]όρυβον δ᾽ οὐκ ἐφίλησαν ὄνων. 30
θηρὶ μὲν οὐατόεντι πανείκελον ὀγκήσαιτο
ἄλλος, ἐγ]ὼ δ᾽ εἴην οὐλ[α]χύς, ὁ πτερόεις,
ἂ πάντως, ἵνα γῆρας ἵνα δρόσον ἦν μὲν ἀείδω
πρώκιον ἐκ δίης ἠέρος εἶδαρ ἔδων,
αὖθι τὸ δ᾽ ἐκδύοιμι, τό μοι βάρος ὅσσον ἔπεστι 35
τριγλώχιν ὀλοῷ νῆσος ἐπ᾽ Ἐγκελάδῳ.

não por medidas persas, mas pela arte;[6]
nem procurem em mim um canto retumbante,
que o trovão não é meu: pertence a Zeus.   20
Pois na primeira vez que pus as tabuletas
no joelho,[7] o Lício Apolo me falou:
"Ah, meu aedo amado, engorde só o incenso,
mas à Musa mantenha sempre fina.[8]
E por isso lhe ordeno: onde não passa carro,   25
por lá prossiga, não conduza nunca
em rastro alheio e estrada larga, por caminhos
intactos siga a senda mais estreita".
Hoje canto entre aqueles que amam claros cantos
de cigarra, e não berros de jumento.   30
E que outros zurrem como animais orelhudos:
eu quero ser mais leve, ser alado,
sim, sim! para que eu cante o orvalho e a velhice,
enquanto sorvo o brilho do ar divino,
depois me livre dela,[9] que hoje pesa em mim   35
como a tricórnea ilha sobre Encélado.[10]

---

[6] Aqui parece estar explícito o argumento fundamental de Calímaco: não se trataria de uma defesa genérica do poema curto *contra* a épica (tal como os romanos se apropriaram desse texto) mas de uma defesa da arte sobre critérios de tamanho, que pouco teriam a dizer sobre a qualidade da obra. Resumindo: qualidade sobre a quantidade, de modo que um poema breve pode ser melhor que os longos. Nesse sentido, a brevidade é uma virtude na medida em que se dá por causa do esforço do poeta de fazer um poema impecável quanto à sua arte (*tekhné*).

[7] A tabuleta para escrita servia como um símbolo da iniciação de um poeta helenístico em sua arte; assim decidi manter esse fator cultural.

[8] Esta passagem é muito famosa, e cabe lembrar que a diferenciação proposta entre gordo (*pakhús*) e fino (*leptós*) tem derivação, já na época de Calímaco, de termos críticos utilizados para retórica e poesia.

[9] Referência à crença de que as cigarras (um dos símbolos do canto poético na Antiguidade) se alimentaria do ar e do orvalho; além de que não enve-lheceriam, mas trocariam suas cascas de tempos em tempos. Aqui Calímaco leva a metáfora ao limite, e, pondo-se no papel de um poeta velho, pensa na imortalidade de sua obra, como uma possibilidade da juventude eterna.

[10] A ilha tricórnea é a Sicília, que Zeus teria lançado sobre o gigante Encélado.

οὐ νέμεσις·Μοῦσαι γὰρ ὅσους ἴδον ὄθματι παῖδας
μὴ λοξῷ, πολιοὺς οὐκ ἀπέθεντο φίλους.

(lacuna)

ANEXO | 165

Justo: se as Musas põem olhar sem ódio sobre
um jovem, não renegam na velhice.[11]

(*lacuna*)

---

[11] Por esse dístico, podemos supor que, embora Calímaco defenda a arte (técnica) da poesia, não deixa, por outro lado, de apresentar o fator do gênio (talento) como fundamental. Ao mesmo tempo, parece tentar defender a possibilidade de se escrever também na velhice. Por esse final, supõe-se que Calímaco tenha escrito esse prólogo posteriormente, quando já estava mais velho, numa segunda edição d'*As causas*.

ΕΙΣ ΑΠΟΛΛΩΝΑ

Οἶον ὁ τὠπόλλωνος ἐσείσατο δάφνινος ὅρπηξ,
οἷα δ᾽ ὅλον τὸ μέλαθρον· ἑκὰς ἑκὰς ὅστις ἀλιτρός.
καὶ δή που τὰ θύρετρα καλῶι ποδὶ Φοῖβος ἀράσσει·
οὐχ ὁράαις; ἐπένευσεν ὁ Δήλιος ἡδύ τι φοῖνιξ
ἐξαπίνης, ὁ δὲ κύκνος ἐν ἠέρι καλὸν ἀείδει.   5
αὐτοὶ νῦν κατοχῆες ἀνακλίνεσθε πυλάων,
αὐταὶ δὲ κληῖδες· ὁ γὰρ θεὸς οὐκ ἔτι μακρήν.
οἱ δὲ νέοι μολπήν τε καὶ ἐς χορὸν ἐντύνεσθε.
ὡπόλλων οὐ παντὶ φαείνεται, ἀλλ᾽ ὅ τις ἐσθλός·
ὅς μιν ἴδηι, μέγας οὗτος, ὃς οὐκ ἴδε, λιτὸς ἐκεῖνος.   10
ὀψόμεθ᾽, ὦ Ἑκάεργε, καὶ ἐσσόμεθ᾽ οὔποτε λιτοί.
μήτε σιωπηλὴν κίθαριν μήτ᾽ ἄψοφον ἴχνος
τοῦ Φοίβου τοὺς παῖδας ἔχειν ἐπιδημήσαντος,
εἰ τελέειν μέλλουσι γάμον πολιήν τε κερεῖσθαι,
ἑστήξειν δὲ τὸ τεῖχος ἐπ᾽ ἀρχαίοισι θεμέθλοις.   15
ἠγασάμην τοὺς παῖδας, ἐπεὶ χέλυς οὐκέτ᾽ ἀεργός.
εὐφημεῖτ᾽ ἀίοντες ἐπ᾽ Ἀπόλλωνος ἀοιδῆι.
εὐφημεῖ καὶ πόντος, ὅτε κλείουσιν ἀοιδοί
ἢ κίθαριν ἢ τόξα, Λυκωρέος ἔντεα Φοίβου.
οὐδὲ Θέτις Ἀχιλῆα κινύρεται αἴλινα μήτηρ,   20
ὁππόθ᾽ ἰὴ παιῆον ἰὴ παιῆον ἀκούσηι.

HINO A APOLO

Como treme o loureiro de Apolo na rama![1]
Como treme o seu lar! Sai, sai daqui, impuro!
Febo arrebata as portas com seu belo pé.
Não vês que súbito a palmeira délia doce
pende, e no ar um cisne entoa belo canto?[2]   5
Soltai-vos, ó ferrolhos dos portais, agora;
soltai-vos, chaves, pois o deus não está longe,
e preparai-vos, jovens, para canto e dança.
 Apolo não se mostra a todos, mas ao nobre:
quem o vê, esse é grande; quem não vê, suplica. 10
Nós veremos, Arqueiro, e não suplicaremos.
Quando Febo aparece, as crianças não deixam
a cítara calada nem silente o passo,
se desejam casar, cortar as suas cãs
e ver o muro se manter nas velhas bases.   15
Bons jovens, pois não deixam ociosa a lira.
 Silenciai, ouvintes, ao canto de Apolo!
Silencia-se o mar, quando os aedos cantam
armas de Febo Licoreu:[3] o arco e a cítara.
Nem Tétis, triste mãe, deplora o seu Aquiles, 20
quando ela escuta "hié peán, hié peán";[4]

---

[1] O loureiro é a planta consagrada a Apolo. É importante notar no começo deste hino todo seu caráter mimético, como o Hino do Banho de Palas, em que o poeta se dirige às pessoas que cumprem um ritual, que, neste caso, é um coro de rapazes. O tremor deve ser entendido como um sinal da presença do deus.

[2] Na ilha de Delos havia um dos maiores santuários de Apolo, e passou a ser também um espaço do culto de sua irmã, Ártemis. A palmeira está relacionada ao deus, porque sua mãe, Leto, se apoiara numa planta dessas para dar-lhe a luz (e teria até se tornado uma espécie de "ponto turístico" da Antiguidade). O cisne também é ligado a Apolo por causa da beleza de seu canto, tão admirado pelos gregos.

[3] Epíteto derivado de Licoreia, cidade no Parnasso, próxima a Delfos.

[4] A invocação *hié, hié peã* equivaleria, na pronúncia helenística, a algo como "lança a flecha, menino", que Calímaco recupera em seu poema, dando-lhe uma faceta popular. Na verdade, o grito deveria ser *ié, ié*, sem a aspiração.

καὶ μὲν ὁ δακρυόεις ἀναβάλλεται ἄλγεα πέτρος,
ὅστις ἐνὶ Φρυγίηι διερὸς λίθος ἐστήρικται,
μάρμαρον ἀντὶ γυναικὸς ὀιζυρόν τι χανούσης.
ἱὴ ἱὴ φθέγγεσθε: κακὸν μακάρεσσιν ἐρίζειν.   25
ὃς μάχεται μακάρεσσιν, ἐμῶι βασιλῆι μάχοιτο:
ὅστις ἐμῶι βασιλῆι, καὶ Ἀπόλλωνι μάχοιτο.
τὸν χορὸν ὡπόλλων, ὅ τι οἱ κατὰ θυμὸν ἀείδει,
τιμήσει: δύναται γάρ, ἐπεὶ Διὶ δεξιὸς ἧσται.
οὐδ᾽ ὁ χορὸς τὸν Φοῖβον ἐφ᾽ ἓν μόνον ἦμαρ ἀείσει,   30
ἔστι γὰρ εὔυμνος: τίς ἂν οὐ ῥέα Φοῖβον ἀείδοι;
    χρύσεα τὠπόλλωνι τό τ᾽ ἐνδυτὸν ἤ τ᾽ ἐπιπορπίς
ἤ τε λύρη τό τ᾽ ἄεμμα τὸ Λύκτιον ἤ τε φαρέτρη,
χρύσεα καὶ τὰ πέδιλα: πολύχρυσος γὰρ Ἀπόλλων.
καὶ δὲ πολυκτέανος: Πυθῶνί κε τεκμήραιο.   35
καὶ μὲν ἀεὶ καλὸς καὶ ἀεὶ νέος: οὔποτε Φοίβου
θηλείηις᾽ οὐδ᾽ ὅσσον ἐπὶ χνόος ἦλθε παρειαῖς.
αἱ δὲ κόμαι θυόεντα πέδωι λείβουσιν ἔλαια.
οὐ λίπος Ἀπόλλωνος ἀποστάζουσιν ἔθειραι,
ἀλλ᾽ αὐτὴν πανάκειαν: ἐν ἄστεϊ δ᾽ ὧι κεν ἐκεῖναι   40
πρῶκες ἔραζε πέσωσιν ἀκήρια πάντ᾽ ἐγένοντο.
    τέχνηι δ᾽ ἀμφιλαφὴς οὔ τις τόσον ὅσσον Ἀπόλλων:
κεῖνος ὀιστευτὴν ἔλαχ᾽ ἀνέρα, κεῖνος ἀοιδόν
(Φοίβωι γὰρ καὶ τόξον ἐπιτρέπεται καὶ ἀοιδή),
κείνου δὲ θριαὶ καὶ μάντιες: ἐκ δέ νυ Φοίβου   45
ἰητροὶ δεδάασιν ἀνάβλησιν θανάτοιο.

ANEXO | 169

e a pedra lacrimosa suspende suas dores,
um úmido rochedo que fica na Frígia,
um mármore que foi uma mulher aos prantos.[5]
"Hié" dizei: nefasto é lutar contra os deuses!   25
Quem combater os deuses, com meu rei combate;
quem combater meu rei, com Apolo combate.[6]
Ao coro honra Apolo, que do coração
canta: e pode, pois senta à direita de Zeus.
E o coro cantará a Febo mais de um dia,   30
multinado: pois quem não cantaria Febo?
    Dourados são o manto e a túnica de Apolo,
sua lira, seu arco líctio,[7] sua aljava,
e é dourada a sandália; Apolo é multiáureo,
e multipoderoso: em Pito podes ver.[8]   35
É sempre belo, sempre novo; nunca nasce
uma barba nas faces feminis de Febo,
e os seus cabelos libam azeites fragrantes.
Não destilam gordura as madeixas de Apolo,
mas uma panaceia; pois qualquer cidade   40
que recebe essas gotas fica inabalável.
    Ninguém abunda sobre a arte como Apolo;
pois é dele o arqueiro, e é dele o cantor
(a Febo se encomenda o arco como o canto)
as profetisas e adivinhos; e com Febo   45
os médicos aprendem a adiar a morte.

---

[5]   Depois de aludir o sofrimento de Tétis pela morte do filho Aquiles, o poeta
segue a mesma temática e passa à figura de Níobe, filha de Tântalo, que
perdeu seus muitos filhos (geralmente sete casais), por ter zombado de Leto,
que só tinha dois: Apolo e Ártemis. Zeus, ao ver o desespero de Níobe,
transformou-a numa rocha do monte Sípilo, na Frígia, donde brotava uma
pequena fonte, que se julgava como resquícios de suas lágrimas.

[6]   Como vemos, por exemplo, no Hino a Zeus (e no encômio a Ptolomeu de
Teócrito), a figura do rei sempre aparece aproximada do divino; embora
não possamos definir cronologicamente quem seria o rei citado, não deixa
de ser importante notar a recorrência ideológica.

[7]   Derivado de Licto, cidade em Creta.

[8]   Pito é um nome poético de Delfos, cidade-santuário do deus.

Φοῖβον καὶ Νόμιον κικλήσκομεν ἐξέτι κείνου,
ἐξότ' ἐπ' Ἀμφρυσσῶι ζευγίτιδας ἔτρεφεν ἵππους
ἠιθέου ὑπ' ἔρωτι κεκαυμένος Ἀδμήτοιο.
ῥεῖά κε βουβόσιον τελέθοι πλέον, οὐδέ κεν αἶγες   50
δεύοιντο βρεφέων ἐπιμηλάδες ἧισιν Ἀπόλλων
βοσκομένηις· ὀφθαλμὸν ἐπήγαγεν· οὐδ' ἀγάλακτες
οἴιες οὐδ' ἄκυθοι, πᾶσαι δέ κεν εἶεν ὕπαρνοι,
ἡ δέ κε μουνοτόκος διδυμητόκος αἶψα γένοιτο.
Φοίβωι δ' ἑσπόμενοι πόλιας διεμετρήσαντο   55
ἄνθρωποι· Φοῖβος γὰρ ἀεὶ πολίεσσι φιληδεῖ
κτιζομένηις', αὐτὸς δὲ θεμείλια Φοῖβος ὑφαίνει.
τετραέτης τὰ πρῶτα θεμείλια Φοῖβος ἔπηξε
καλῆι ἐν Ὀρτυγίηι περιηγέος ἐγγύθι λίμνης.
Ἄρτεμις ἀγρώσσουσα καρήατα συνεχὲς αἰγῶν   60
Κυνθιάδων φορέεσκεν, ὃ δ' ἔπλεκε βωμὸν Ἀπόλλων.
δείματο μὲν κεράεσσιν ἐδέθλια, πῆξε δὲ βωμὸν
ἐκ κεράων, κεραοὺς δὲ πέριξ ὑπεβάλλετο τοίχους.
ὧδ' ἔμαθεν τὰ πρῶτα θεμείλια Φοῖβος ἐγείρειν.
Φοῖβος καὶ βαθύγειον ἐμὴν πόλιν ἔφρασε Βάττωι   65
καὶ Λιβύην ἐσιόντι κόραξ ἡγήσατο λαῶι
δεξιὸς οἰκιστῆρι καὶ ὤμοσε τείχεα δώσειν
ἡμετέροις βασιλεῦσιν· ἀεὶ δ' εὔορκος Ἀπόλλων.
ὤπολλον, πολλοί σε Βοηδρόμιον καλέουσι,

A Febo nós chamamos Nômio,[9] dês que junto
ao rio Anfriso ele pascia éguas parelhas,
abrasado de amor pelo efebo Admeto.[10]
Que bem rápido o gado engorde, que nenhuma   50
cabrita fique sem filhotes, e que Apolo
as alimente e cuide; nem percam seu leite
nem pereçam inférteis; sejam bem paridas,
e a mãe de um só rebento logo tenha gêmeos.

A Febo os homens sempre seguem, se edificam   55
urbes; pois Febo adora as suas fundações,
que o próprio Febo assenta as bases principais.
Com quatro anos Febo construiu as bases
da bela Ortígia, junto ao lago arredondado.[11]
Ártemis só caçava a cabeça das cabras   60
Cíntias,[12] enquanto Apolo tecia um altar,
sobre os chifres ergueu seu assento, enfeitou-o
com chifres, e com chifres cercou de paredes.[13]
Assim Febo aprendeu a fundar suas bases.
Febo mostrou a minha fértil pátria a Bato,[14]   65
como um corvo, guiou o povo pela Líbia,
bom auspício ao colono, e jurou dar muralhas
aos nossos reis: Apolo sempre cumpre os votos.
Apolo, muitos te nomeiam Boedrômio,[15]

---

[9]   Nômio significa "apascentador", um epíteto que também é aplicado a Zeus, Dioniso, Pã e Hermes.

[10]   Anfriso é um rio da Tessália, onde havia a cidade de Feras, regida por Admeto. Castigado por Zeus, por haver fulminado os ciclopes, Apolo foi condenado a pastorear um tempo, sob o comando de Admeto; mas, por ter gostado do homem, deu mais fertilidade ao seu gado.

[11]   Ortígia é uma cidade mítica ligada ao culto de Leto e Ártemis, geralmente associada a Delos.

[12]   Relativo do monte Cinto, que fica em Delos.

[13]   Esse altar córneo era considerado uma das sete maravilhas.

[14]   Herói epônimo da linhagem dos Batíadas, é o fundador mítico da cidade de Cirene, pátria de Calímaco. O corvo era uma ave consagrada a Apolo.

[15]   Boedrômio significa "o que corre em auxílio".

πολλοὶ δὲ Κλάριον, πάντη δέ τοι οὔνομα πουλύ: 70
αὐτὰρ ἐγὼ Καρνεῖον: ἐμοὶ πατρώιον οὕτω.
Σπάρτη τοι Καρνεῖε τὸ δὴ πρώτιστον ἔδεθλον,
δεύτερον αὖ Θήρη, τρίτατόν γε μὲν ἄστυ Κυρήνης.
ἐκ μέν σε Σπάρτης ἕκτον γένος Οἰδιπόδαο
ἤγαγε Θηραίην ἐς ἀπόκτισιν: ἐκ δέ σε Θήρης   75
οὖλος Ἀριστοτέλης Ἀσβυστίδι πάρθετο γαίηι,
δεῖμε δέ τοι μάλα καλὸν ἀνάκτορον, ἐν δὲ πόληι
θῆκε τελεσφορίην ἐπετήσιον, ἧι ἐνὶ πολλοί
ὑστάτιον πίπτουσιν ἐπ᾽ ἰσχίον, ὦ ἄνα, ταῦροι.
ἰὴ ἰὴ Καρνεῖε πολύλλιτε, σεῖο δὲ βωμοί   80
ἄνθεα μὲν φορέουσιν ἐν εἴαρι τόσσα περ Ὧραι
ποικίλ᾽ ἀγινεῦσι ζεφύρου πνείοντος ἐέρσην,
χείματι δὲ κρόκον ἡδύν: ἀεὶ δέ τοι ἀέναον πῦρ,
οὐδέ ποτε χθιζὸν περιβόσκεται ἄνθρακα τέφρη.
ἦ ῥ᾽ ἐχάρη μέγα Φοῖβος, ὅτε ζωστῆρες Ἐνυοῦς   85
ἀνέρες ὠρχήσαντο μετὰ ξανθῆισι Λιβύσσαις,
τέθμιαι εὗτέ σφιν Καρνειάδες ἤλυθον ὦραι.
οἳ δ᾽ οὔπω πηγῆισι Κύρης ἐδύναντο πελάσσαι
Δωριέες, πυκινὴν δὲ νάπαις Ἄζιλιν ἔναιον.

muitos de Clário;[16] em toda parte o nome corre;   70
para mim és Carneio:[17] é velha a tradição.
Foi Esparta, ó Carneio, tua primeira sede,
a segunda foi Tera, e a terceira, Cirene.
De Esparta a sexta prole descendente de Édipo[18]
levou-te à fundação de Tera; então de Tera   75
o robusto Aristóteles trouxe aos abistas,[19]
um belo templo te ofertou, e na cidade
prestava um sacrifício anual em que muitos
touros tombavam sobre os joelhos, senhor.
Hié, Carneio, multissúplice, os altares   80
florem na primavera junto às coloridas
flores que as Horas brotam no orvalho do Zéfiro;
doce açafrão revém no inverno: eterno é o fogo,
nunca a cinza se nutre nos carvões da véspera.
Ao grande Febo agrada ver os bons guerreiros   85
de Enio a dançar junto às louras moças líbias,[20]
quando chegam Carneias[21] para eles sagradas.
Os dórios não podiam se banhar nas fontes
de Cire, e a verdejante Azílis habitavam.[22]

---

[16] Epíteto derivado do oráculo em Claro, na Ásia.

[17] Um epíteto de Apolo adotado em Cirene, provavelmente como resultado de um sincretismo religioso com o deus Carneio de origem peloponésia, protetor do gado. Suas funções passaram à figura de Apolo num período muito antigo.

[18] A genealogia grega contava o parâmetro; daí que temos: (1) Édipo, (2) Polinices, (3) Tersandro, (4) Tisâmeno, (5) Autésion e (6) Teras, que fundou a colônio de Tera.

[19] Os Abistas eram um povo que habitava a Líbia. Aristóteles é o verdadeiro nome de Bato.

[20] Enio pode ser um deus menos conhecido fundido a Ares (deus da guerra), ou uma deusa que também é conhecida como "assoladora de cidades".

[21] Festas em honra de Apolo Carneio, protetor dos rebanhos; uma das mais importantes do calendário Espartano.

[22] Cire é um rio que fica em Cirene que, após um curso subterrâneo, reaparece no local onde foi construído o templo de Apolo como uma fonte sacra. Bato e seus companheiros Tereus ficaram seis anos em Azílis antes de achar o local ideal e fundar a cidade de Cirene.

τοὺς μὲν ἄναξ ἴδεν αὐτός, ἕῃι δ᾽ ἐπεδείξατο νύμφηι   90
στὰς ἐπὶ Μυρτούσσης κερατώδεος, ἧχι λέοντα
Ὑψηὶς κατέπεφνε βοῶν σίνιν Εὐρυπύλοιο.
οὐ κείνου χορὸν εἶδε θεώτερον ἄλλον Ἀπόλλων,
οὐδὲ πόλει τός᾽ ἔνειμεν ὀφέλσιμα, τόσσα Κυρήνηι,
μνωόμενος προτέρης ἁρπακτύος. οὐδὲ μὲν αὐτοί   95
Βαττιάδαι Φοίβοιο πλέον θεὸν ἄλλον ἔτεισαν.
    ἱὴ ἱὴ παιῆον ἀκούομεν, οὕνεκα τοῦτο
Δελφός τοι πρώτιστον ἐφύμνιον εὕρετο λαός,
ἦμος ἑκηβολίην χρυσέων ἐπεδείκνυσο τόξων.
Πυθώ τοι κατιόντι συνήντετο δαιμόνιος θήρ,   100
αἰνὸς ὄφις. τὸν μὲν σὺ κατήναρες ἄλλον ἐπ᾽ ἄλλωι
βάλλων ὠκὺν ὀιστόν, ἐπηύτησε δὲ λαός,
ἱὴ ἱὴ παιῆον, ἵει βέλος, εὐθύ σε μήτηρ
γείνατ᾽ ἀοσσητῆρα᾽· τὸ δ᾽ ἐξέτι κεῖθεν ἀείδηι.
    ὁ Φθόνος Ἀπόλλωνος ἐπ᾽ οὔατα λάθριος εἶπεν   105
‘οὐκ ἄγαμαι τὸν ἀοιδὸν ὃς οὐδ᾽ ὅσα πόντος ἀείδει’.
τὸν Φθόνον ὡπόλλων ποδί τ᾽ ἤλασεν ὧδέ τ᾽ ἔειπεν:
‘Ἀσσυρίου ποταμοῖο μέγας ῥόος, ἀλλὰ τὰ πολλά
λύματα γῆς καὶ πολλὸν ἐφ᾽ ὕδατι συρφετὸν ἕλκει.
Δηοῖ δ᾽ οὐκ ἀπὸ παντὸς ὕδωρ φορέουσι μέλισσαι,   110
ἀλλ᾽ ἥτις καθαρή τε καὶ ἀχράαντος ἀνέρπει
πίδακος ἐξ ἱερῆς ὀλίγη λιβὰς ἄκρον ἄωτον’.
    χαῖρς ἄναξ· ὁ δὲ Μῶμος, ἵν᾽ ὁ Φθόνος, ἔνθα νέοιτο.

O Soberano os viu e apresentou à noiva,   90
sobre a córnea Mirtussa, onde a Hipseide matou
o leão que assolava as manadas de Eurípilo.[23]
Apolo nunca viu um coro mais divino,
nem deu mais bênçãos que à cidade de Cirene,
porque lembrava do primeiro rapto. Nem   95
os Batíadas honraram a um deus mais que a Febo.
   "Hié, hié peã" ouvimos, porque o povo
délfico te cedeu primeiro este refrão,
quando exibiste o alcance do teu áureo arco.
Chegando a Pito, confrontaste um ser terrível,   100
feroz serpente; e exterminaste disparando
veloz de seta em seta, enquanto o povo grita:
"Hié, hié peã, lança a flecha, a tua mãe
te fez auxiliador"; e daí vem o canto.
   Inveja então sussurra ao ouvido de Apolo: 105
"Não amo o aedo que não canta quanto o mar".
Mas Febo afasta Inveja aos chutes, e lhe diz:
"Grande é o fluxo do rio assírio,[24] porém muito
lixo e limo da terra carrega nas águas.
Melissas não dão água a Deo[25] de todo canto,   110
mas a corrente pura e límpida se eleva
da fonte sacra, gota a gota, só finura".[26]
   Salve senhor! E Momo, que acompanhe a Inveja.

---

[23] Eurípilo foi um lendário rei da Líbia, que ofereceu seu reino a quem matasse o leão que atacava a região. Cirene (a noiva de Apolo, epônima da cidade), filha de Hipseu, matou o monstro e ganhou o reino.

[24] Eufrates.

[25] Deo é Deméter, cujas sacerdotisas recebiam o apelido de abelhas "melissas".

[26] A temática final do hino é muito semelhante ao debate que aparece no prólogo aos Telquines, retomando a discussão entre poesia longa (e mal cuidada) ou o refinamento da brevidade.

Esta edição de *Epigramas* foi impressa para a Autêntica
pela Formato Artes Gráficas em setembro de 2019, no ano em que se celebram

2121 anos de Júlio César (102-44 a.C.);
2103 anos de Catulo (84-54 a.C.);
2089 anos de Virgílio (70-19 a.C.);
2084 anos de Horácio (65-8 a.C.);
2069 anos de Propércio (c. 50 a.C.-16 a.C.);
2062 anos de Ovídio (43 a.C.-18 d.C.);
2005 anos da morte de Augusto (63 a.C.-14 d.C.);
1963 anos de Tácito (56-114 d.C.);
1954 anos do *Satyricon*, de Petrônio (c. 65);
1620 anos das *Confissões*, de Agostinho (399)
e
22 anos da Autêntica (1997).
O papel do miolo é Off-White 70g/m² e, o da capa, Supremo 250g/m².
A tipologia é Bembo Std para textos.